배경지식이

문해력
이다

2단계

초등 2 ~ 3학년 권장

교과서를 혼자 읽지 못하는 우리 아이?
평생을 살아가는 힘, '문해력'을 키워 주세요!

'배경지식이 문해력이다'

배경지식 학습으로 문해력 키우기

---

1 교과서 개념 학습의 배경지식이 되는 내용으로
문해력을 키울 수 있습니다.

어려운 뜻의 개념어를 학습자의 눈높이에 맞게 이해하기 쉽게 풀어서 설명하였습니다.

---

2 학년별&교과별 성취 수준에 맞는
개념어로 구성하였습니다.

각 학년 주요 교과와 생활 중심의 안전 학습을 강조한 성취 기준을 바탕으로 한
개념어 학습이 가능합니다.

---

3 하나의 개념어를 중심으로
개념을 확장하며 학습할 수 있습니다.

개념어 중심의 학습 내용에서 한 발짝 더 나아간 개념 설명을 제시하여 배경지식을 폭넓게
확장할 수 있습니다.

---

4 학습 내용을 시각화한 그림과 확인 문제를 통해
배경지식을 체계적으로 익힐 수 있습니다.

개념어와 관련된 학습 내용을 재미있는 그림으로 구성하였습니다.
여러 가지 유형의 확인 문제로 배경지식을 제대로 학습하였는지 확인할 수 있습니다.

---

5 학습 내용과 함께 인성 동화를 제시하여
인성적인 측면을 강조하였습니다.

9가지 인성 덕목인 효, 예절, 정직, 책임, 존중, 배려, 협동, 소통, 용기를 주제로 한 동화를 구성하여
인성 발달에 도움이 되도록 하였습니다.

EBS 〈당신의 문해력〉 교재 시리즈는 약속합니다.

교과서를 잘 읽고 더 나아가 많은 책과 온갖 글을 읽는 능력을 갖출 수 있도록
문해력을 이루는 **핵심 분야별, 학습 단계별** 교재를 준비하였습니다.
한 권 **5회×4주 학습**으로
아이의 공부하는 힘, 평생을 살아가는 힘을 EBS와 함께 키울 수 있습니다.

어휘가 문해력이다

어휘 실력이 교과서를 읽고 이해할 수 있는지를 결정하는 척도입니다.
〈어휘가 문해력이다〉는 교과서 진도를 나가기 전에 꼭 예습해야 하는 교재입니다.
20일이면 한 학기 교과서 필수 어휘를 완성할 수 있습니다.
국어, 수학, 사회, 과학 교과서 수록 필수 어휘들을 교과서 진도에 맞춰
날짜별, 과목별로 공부하세요.

쓰기가 문해력이다

쓰기는 자기 생각을 표현하는 미래 역량입니다.
서술형, 논술형 평가의 비중은 점점 커지고 있습니다.
객관식과 단답형만으로는 아이들의 생각과 미래를 살펴볼 수 없기 때문입니다.
막막한 쓰기 공부. 이제 단어와 문장부터 하나씩 써 보며 차근차근 학습하는
〈쓰기가 문해력이다〉와 함께 쓰기 지구력을 키워 보세요.

ERI 독해가 문해력이다

독해를 잘하려면 체계적이고 객관적인 단계별 공부가 필수입니다.
기계적으로 읽고 문제만 푸는 독해 학습은 체격만 키우고 체력은 미달인 아이를 만듭니다.
〈ERI 독해가 문해력이다〉는 특허받은 독해 지수 산출 프로그램을 적용하여 글의 난이도를
체계화하였습니다.
단어·문장·배경지식 수준에 따라 설계된 단계별 독해 학습을 시작하세요.

배경지식이 문해력이다

배경지식은 문해력의 중요한 뿌리입니다.
하루 두 장, 교과서의 핵심 개념을 글과 재미있는 삽화로 익히고 한눈에 정리할 수 있습니다.
시간이 부족하여 다양한 책을 읽지 못하더라도 교과서의 중요 지식만큼은 놓치지 않도록
〈배경지식이 문해력이다〉로 학습하세요.

디지털독해가 문해력이다

디지털독해력은 다양한 디지털 매체 속 정보를 읽어내는 힘입니다.
아이들이 접하는 디지털 매체는 매일 수많은 정보를 만들어 내기 때문에
디지털 매체의 정보를 판단하는 문해력은 현대 사회의 필수 능력입니다.
〈디지털독해가 문해력이다〉로 교과서 내용을 중심으로 디지털 매체 속 정보를 확인하고
다양한 과제를 해결해 보세요.

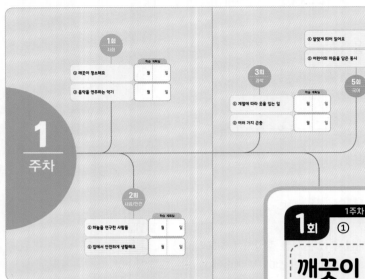

한 주에 5회 학습 계획을 세워 공부할 수 있도록 구성했습니다.

개념어 설명
개념어와 관련된 배경지식을 쉽게 이해할 수 있도록 이야기로 설명했습니다.

개념어
배경지식이 되는 개념어를 풀어서 제시했습니다.

주차별 학습 내용

1회 ①

1주차
사회

깨끗이 청소해요

매주 일요일은 온 가족이 청소를 하는 날이에요. 청소는 더럽거나 어지러운 것을 쓸고 닦아서 깨끗하게 하는 것을 말해요. 먼저 창문을 열고, 먼지떨이로 먼지를 떨었어요. 그리고 책이나 물건 등은 제자리에 정리했어요. 바닥은 청소기로 먼지를 없앤 다음에 걸레로 깨끗이 닦았어요.

마지막으로 청소할 때 쓴 물건들을 정리하고 창문을 닫았어요. 깨끗해진 집을 보니 내 마음도 깨끗해지는 것 같네요.

책이나 물건은
제자리에 정리해요.

바닥 먼지는
빗자루로 쓸거나, 청소기를 이용해서 없애요.

이해 건강을 지키기 위해 더럽거나 어지러운 것은 □□해야 해요.

그림 부분
개념어와 관련된 배경지식 내용을 그림으로 시각화하여 기억해야 할 내용들은 설명과 함께 구성했습니다.

이해
개념어를 문장에 적용해 봄으로써 이해하였는지 확인하도록 구성했습니다.

개념어 학습

개념어 학습과 보충 학습으로 배경지식을
확장할 수 있게 구성했습니다.

문제

간단한 유형의 학습 내용
관련 문제를 제시했습니다.

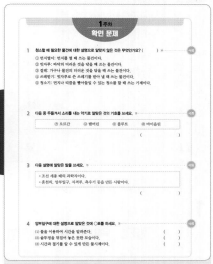

▶ 정답과 해설 3쪽

한 주 동안 학습한 내용을 다양한 문제
유형으로 확인할 수 있도록 구성했습니다.

청소할 때 필요한 물건

먼지떨이
손잡이에 헝겊 조각
따위를 붙인 것으로, 먼
지를 떨 때 쓰는 물건이
에요.

빗자루와 쓰레받기
빗자루는 먼지나 쓰레
기를 쓸어 낼 때 쓰는 물
건이고, 쓰레받기는 빗자
루로 쓴 쓰레기를 받아
낼 때 쓰는 물건이에요.

청소기
청소를 할 때 쓰는
기계로 먼지나 티끌을
빨아들일 수 있어요.

걸레
바닥이나 가구, 물건
등의 물기나 더러운 것
을 닦을 때 쓰는 물건이
에요.

◉ 청소할 때 필요한 물건에 모두 ○표를 하세요.

먼지떨이	수건	걸레
청소기	빨래	빗자루와 쓰레받기

◉ 알맞은 것에 ○표를 하세요.

바닥의 먼지는 그냥 둔다.	☐
책이나 물건은 제자리에 정리한다.	☐

◉ 알맞게 선으로 이으세요.

걸레 • • 먼지를 떨 때 쓰
는 물건.

먼지떨이 • • 바닥이나 가구,
물건 등의 더러운
것을 닦을 때 쓰는

**정리
학습**

한 주의 학습 내용을 빈칸 학습을 통해
정리할 수 있도록 구성했습니다.

**인성
동화**

9가지 인성 덕목(효, 예절, 정직, 책임,
존중, 배려, 협동, 소통, 용기)을 담아
생활 속 이야기로 구성했습니다.

차례

1회
사회

① 깨끗이 청소해요

학습 계획일

월 일

② 음악을 연주하는 악기

월 일

1
주차

2회
사회/안전

① 하늘을 연구한 사람들

학습 계획일

월 일

② 집에서 안전하게 생활해요

월 일

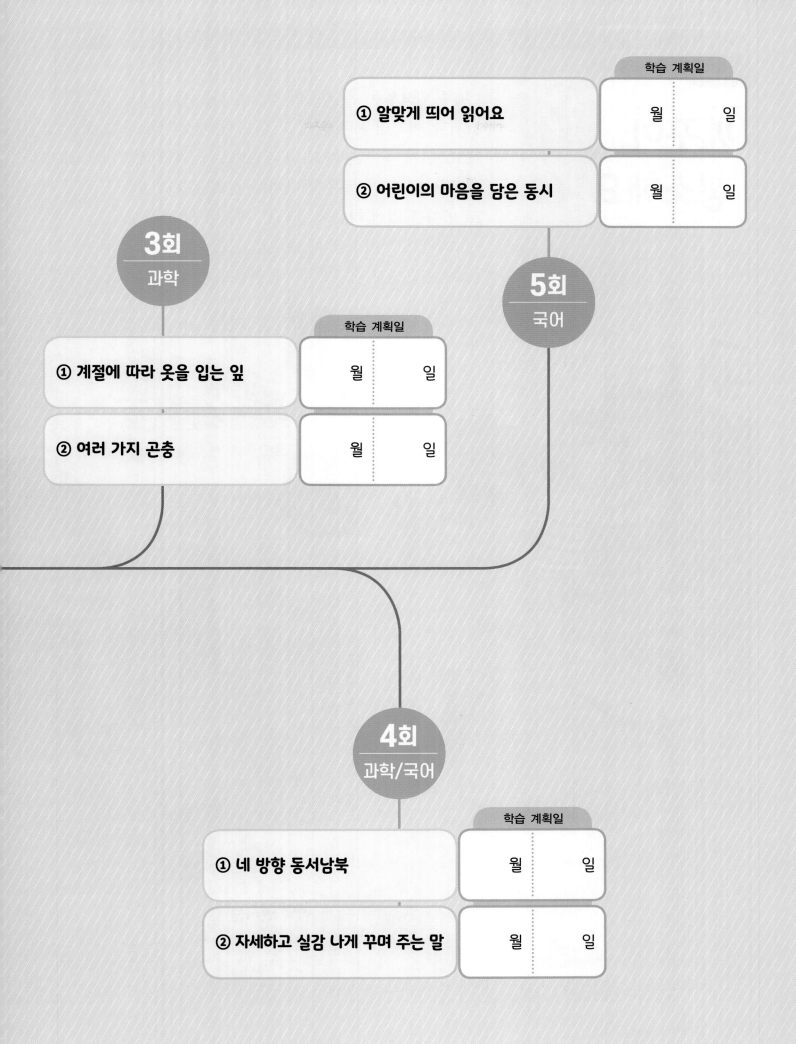

깨끗이 청소해요

매주 일요일은 온 가족이 청소를 하는 날이에요. 청소는 더럽거나 어지러운 것을 쓸고 닦아서 깨끗하게 하는 것을 말해요. 먼저 창문을 열고, 먼지떨이로 먼지를 떨었어요. 그리고 책이나 물건 등은 제자리에 정리했어요. 바닥은 청소기로 먼지를 없앤 다음에 걸레로 깨끗이 닦았어요.

마지막으로 청소할 때 쓴 물건들을 정리하고 창문을 닫았어요. 깨끗해진 집을 보니 내 마음도 깨끗해지는 것 같네요.

책이나 물건은
제자리에 정리해요.

바닥 먼지는
빗자루로 쓸거나, 청소기를 이용해서 없애요.

이해 ▶ 건강을 지키기 위해 더럽거나 어지러운 것은 □□해야 해요.

청소할 때 필요한 물건

먼지떨이

손잡이에 헝겊 조각 따위를 붙인 것으로, 먼지를 떨 때 쓰는 물건이에요.

빗자루와 쓰레받기

빗자루는 먼지나 쓰레기를 쓸어 낼 때 쓰는 물건이고, 쓰레받기는 빗자루로 쓴 쓰레기를 받아 낼 때 쓰는 물건이에요.

청소기

청소를 할 때 쓰는 기계로 먼지나 티끌을 빨아들일 수 있어요.

걸레

바닥이나 가구, 물건 등의 물기나 더러운 것을 닦을 때 쓰는 물건이에요.

◉ 청소할 때 필요한 물건에 모두 ○표를 하세요.

먼지떨이	수건	걸레
청소기	빨래	빗자루와 쓰레받기

◉ 알맞은 것에 ○표를 하세요.

바닥의 먼지는 그냥 둔다.	
책이나 물건은 제자리에 정리한다.	

◉ 알맞게 선으로 이으세요.

걸레 •

• 먼지를 떨 때 쓰는 물건.

먼지떨이 •

• 바닥이나 가구, 물건 등의 더러운 것을 닦을 때 쓰는 물건.

음악을 연주하는 악기

수업 시간, 선생님께서는 무엇이든 악기가 될 수 있다고 말씀하셨어요. 책상을 두드리는 소리, 발을 구르는 소리, 손뼉을 치는 소리, 그리고 노래하는 소리도 음악이 되는 거지요.

이런 음악을 연주할 수 있는 기구인 악기는 피아노나 오르간과 같은 건반 악기, 플루트와 같은 관악기, 바이올린과 같은 현악기, 캐스터네츠와 같은 타악기로 나눌 수 있어요.

캐스터네츠
나무나 상아로 만든 조개 모양의 악기예요.

바이올린
가운데가 잘록한 타원 모양의 몸통에 네 줄을 매어 활로 문질러서 소리를 내는 악기예요.

이해 ▶ 피아노, 바이올린, 플루트는 아름다운 음악을 연주할 수 있는 □□예요.

악기의 종류

건반 악기

건반을 눌러 소리를 내는 악기예요. 다양한 음악을 표현할 수 있어요. 피아노, 오르간 등이 있어요.

◀ 피아노

현악기

활로 줄을 켜거나 손으로 튕겨서 소리를 내는 악기예요. 바이올린, 첼로 등이 있어요.

◀ 바이올린

관악기

나무나 금속으로 된 관을 불어서 소리를 내는 악기예요. 플루트, 트럼펫 등이 있어요.

◀ 플루트

타악기

두들겨서 소리를 내는 악기예요. 캐스터네츠, 실로폰, 트라이앵글, 탬버린 등이 있어요.

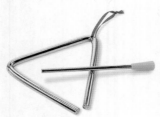

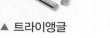

▲ 트라이앵글   ▲ 탬버린

◉ 알맞은 말에 ○표를 하세요.

> 음악을 연주할 수 있는 기구를 (노래 , 악기)
> 라고 한다.

◉ 다음 설명에 알맞은 말을 쓰세요.

> • 건반을 눌러 소리를 내는 악기이다.
> • 다양한 음악을 표현할 수 있다.
> • 피아노, 오르간 등이 있다.

◉ 알맞게 선으로 이으세요.

실로폰		두들겨서 소리를 내는 악기이다.
바이올린		활로 줄을 켜거나 손으로 튕겨서 소리를 내는 악기이다.

하늘을 연구한 사람들

옛날 사람들은 하늘에 떠 있는 해와 날마다 변하는 달, 그리고 계절마다 위치가 달라지는 별이 신기했대요. 그리고 시간과 절기가 달라지는 것, 비가 오는 것 등에 대해 알고 싶어했죠. 그래서 하늘을 보며 재미난 이야기를 만들기도 하고, 하늘에 대해 연구하기도 했지요. 우리나라의 장영실이나 이탈리아의 갈릴레오 갈릴레이가 하늘을 연구한 사람들이에요. 사는 곳은 달랐지만 생각은 비슷했나 봐요.

망원경
멀리 있는 물체 등을 크고 정확하게 볼 수 있는 기구예요.

혼천의
달과 별 등을 관찰하여 날씨를 알아내는 기구예요.

이해 ▶ 장영실과 갈릴레오 갈릴레이처럼 우리도 □□에 대해 관심을 가져 보아요.

장영실과 갈릴레오 갈릴레이

장영실

조선 세종 때의 과학자예요. 혼천의, 앙부일구, 자격루, 측우기 등을 만들었어요.

갈릴레오 갈릴레이

이탈리아의 천문학자예요. 망원경을 직접 만들어서 하늘을 관찰했어요.

장영실이 만든 물건들

앙부일구

'솥뚜껑을 뒤집어 놓은 듯한 모습을 한 해시계.'란 뜻이에요. 시간과 절기를 알 수 있게 만든 해시계예요.

자격루

물이 흐르는 것을 이용하여 스스로 소리를 나게 하여 시간을 알려 주는 물시계예요.

측우기

빗물을 받을 수 있는 원 모양의 통과 그것을 받치는 돌, 고인 빗물의 깊이를 잴 수 있는 자로 된 기구예요. 세계 최초로 만들어진 빗물의 양을 재는 기구예요.

◉ 알맞은 말에 각각 ○표를 하세요.

우리나라의 (장영실 , 갈릴레오 갈릴레이), 이탈리아의 (장영실 , 갈릴레오 갈릴레이)는 둘 다 하늘을 연구한 사람이다.

◉ 다음 설명에 알맞은 말을 쓰세요.

- 이탈리아 사람이다.
- 망원경을 만들어서 하늘을 관찰했다.

◉ 알맞게 선으로 이으세요.

자격루	•	•	물시계
앙부일구	•	•	해시계

집에서 안전하게 생활해요

구겨진 옷을 펴주는 다리미, 맛있는 밥을 만들어 주는 전기밥솥, 요리할 때 사용하는 칼이나 가위, 여러 가전제품의 플러그를 꽂는 콘센트 등은 우리가 생활하고 있는 집에서 쉽게 볼 수 있는 물건들이에요.

그런데 조금이라도 주의하지 않으면 위험한 물건들이 될 수 있어요. 이러한 물건들은 뜨겁거나 날카롭고 뾰족한 물건들이랍니다. 어떻게 사용해야 안전한지 알아볼까요?

다리미
사용한 뒤에는 뜨거워진 넓은 면에 델 수 있으므로 만지지 말아야 해요.

전기밥솥
김이 나올 때 델 수 있으므로 가까이 가지 않아야 해요.

이해 ▶ 집에서도 뜨겁고 날카롭고 뾰족한 물건들을 함부로 만지지 않아야 □□하게 □□할 수 있어요.

집에서 안전하게 생활하기 ///////////////////////////

뜨거운 음식이 든 그릇

뜨거운 물이 든 컵이나 국이 든 그릇에 델 수 있으므로 식은 뒤에 만져야 해요.

가위나 칼

음식을 만들 때 쓰는 뾰족한 가위나 날카로운 칼에 손을 베일 수 있으니 조심해야 해요.

콘센트

젖은 손으로는 콘센트를 만지지 않아야 해요. 그리고 하나의 콘센트에 너무 많은 플러그를 꽂지 않아야 해요.

◉ 다음 설명에 알맞은 말을 쓰세요.

> • 구겨진 옷을 펴주는 물건이다.
> • 사용한 뒤에 뜨거워진 넓은 면을 만지지 않아야 해요.

◉ 알맞게 선으로 이으세요.

가위	•	•	뜨거워지면 조심해야 하는 물건이다.
다리미	•	•	뾰족하고 날카로워서 조심해야 하는 물건이다.

◉ 알맞은 것에 ○표를 하세요.

> 뜨거운 물이 든 컵은 식은 뒤에 만져야 한다.

> 하나의 콘센트에 많은 플러그를 꽂는 것이 좋다.

3회 ①

계절에 따라 옷을 입는 잎

식물의 줄기 끝이나 둘레에 붙어 있는 잎들은 봄에는 연한 초록, 여름에는 진한 초록으로 변해요. 가을이 되면 알록달록 단풍잎으로 변하고 겨울이 다가오면 낙엽이 점점 많아져요. 이렇게 여러 색깔의 옷을 입는 잎의 모양도 여러 가지예요. 한 덩어리인 것도 있고, 여러 개로 나뉘어 있는 것도 있어요. 그리고 잎의 가장자리가 매끈매끈한 것도 있고, 뾰족뾰족한 것도 있지요.

낙엽
말라서 떨어진 잎.

단풍잎
가을에 붉은빛이나 누런빛으로 단풍이 든 잎.

이해 ▶ 단풍잎이나 낙엽은 계절에 따라 달라진 □의 다른 모습이에요.

여러 가지 잎의 모양

잎이 한 덩어리로 되어 있어요.

잎이 여러 개로 나뉘어 있어요.

잎의 가장자리가 매끈매끈해요.

잎의 가장자리가 뾰족뾰족해요.

◉ 알맞은 말에 ◯표를 하세요.

> 식물의 줄기 끝이나 둘레에 붙어 있는 것은 (잎 , 뿌리)(이)라고 한다.

◉ 알맞은 것에 ◯표를 하세요.

| 잎의 모양은 모두 같다. | |
| 잎의 색깔은 계절에 따라 다르다. | |

◉ 알맞게 선으로 이으세요

낙엽 •
　　　　• 말라서 떨어진 나뭇잎.

단풍잎 •
　　　　• 가을에 붉은빛이나 누런빛으로 단풍이 든 잎.

여러 가지 곤충

숲이나 풀밭에서 잠자리, 매미, 사슴벌레를 본 적이 있나요? 이 동물들은 몸이 머리, 가슴, 배로 나누어지고, 세 쌍의 다리가 있어요. 뭘까요? 네, 곤충이에요. 머리에는 냄새를 맡을 수 있는 더듬이가 있고, 가슴에는 두 쌍의 날개와 세 쌍의 다리가 있어요. 배는 여러 마디로 나뉘어 있어요. 이러한 몸을 가진 곤충들 중에는 자신을 보호하기 위해 몸의 색깔을 바꾸는 것들도 있어요.

잠자리
눈이 크고 날개가 얇은 곤충이에요.

사슴벌레
큰턱이 집게 모양으로 갈라져 있는 곤충이에요.

매미
어른벌레가 되어 여름을 보내는 곤충이에요.

이해 ▶ 한여름 산이나 들에서 다리가 6개인 □□을 흔히 볼 수 있어요.

보호색

- 다른 동물의 눈에 띄지 않도록 주위와 비슷하게 바꾸는 몸의 색깔을 말해요.
- 다른 동물의 공격을 피하고 자신의 몸을 보호할 수 있어요.
- 나비 애벌레, 청개구리, 카멜레온 등은 보호색으로 자신을 보호해요.

보호색으로 자신을 지키는 곤충

메뚜기
주변에 있는 것들의 색에 따라 몸 색깔을 바꾸어요.

방아깨비
풀잎에 앉으면 풀색으로 몸 색깔을 바꾸어요.

대벌레
마른 나뭇가지와 비슷하게 생겼으며 주변 환경에 따라 몸 색깔이 달라요.

◉ 알맞은 말에 ○표를 하세요.

몸이 머리, 가슴, 배로 나누어지고, 세 쌍의 다리가 있는 동물을 (곤충 , 생물)이라고 한다.

◉ 그림에서 볼 수 있는 곤충에 모두 ○표를 하세요.

개미	잠자리	거미
매미	사슴벌레	

◉ 알맞게 선으로 이으세요.

방아깨비 •

• 풀잎에 앉으면 몸 색깔이 풀색으로 바뀐다.

메뚜기 •

• 주변에 있는 것들의 색에 따라 몸 색깔이 바뀐다.

4회 ①

네 방향 동서남북

가족들과 해돋이를 보러 남산에 갔어요. 팔각정까지 올라가니 서울 시내가 한눈에 보였어요. 엄마가 남산은 경복궁의 남쪽에 있는 산이어서 남산이라는 이름이, 북한산은 한강을 기준으로 북쪽에 있는 산이어서 북한산이라는 이름이 붙여졌다고 말씀해 주셨어요.

엄마와 얘기하는 사이에 동쪽에서 해가 솟아올랐어요. 세상이 온통 환해졌어요. 저녁이 되면 해는 서쪽으로 질 거예요.

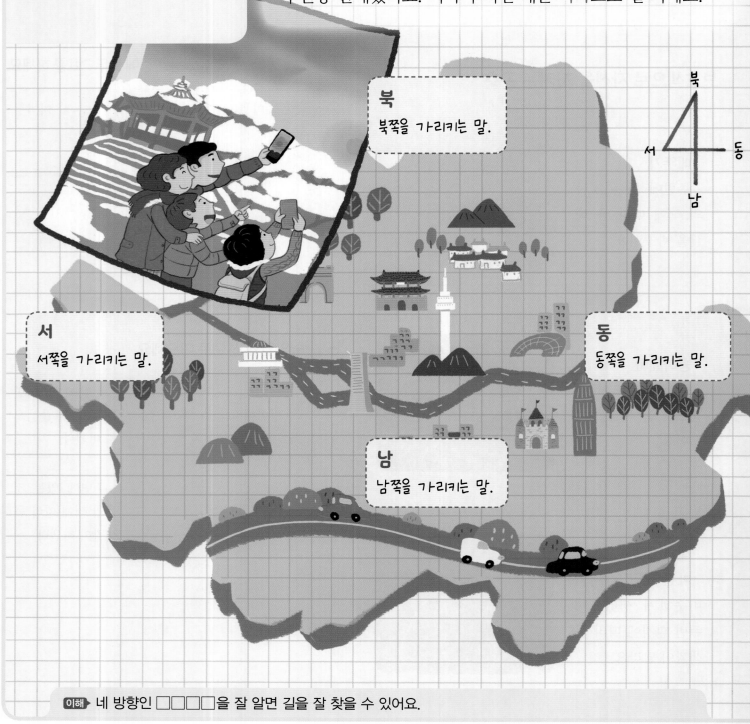

북
북쪽을 가리키는 말.

서
서쪽을 가리키는 말.

동
동쪽을 가리키는 말.

남
남쪽을 가리키는 말.

이해 ▶ 네 방향인 □□□□을 잘 알면 길을 잘 찾을 수 있어요.

동쪽과 서쪽

　동쪽은 해가 뜨는 쪽으로 서쪽의 반대 방향이에요. 서쪽은 해가 지는 쪽으로 동쪽의 반대 방향이에요.

그림지도 보며 동서남북 찾기

시계탑을 기준으로
동쪽에는 무지개 호수가 있고,
서쪽에는 조각 동산이 있고,
남쪽에는 장미 정원이 있고,
북쪽에는 축구장이 있습니다.

나침반이 뭐예요?

　나침반은 방향을 알려 주는 도구예요. 나침반의 파란색 바늘이 가리키는 쪽이 남쪽이고, 빨간색 바늘이 가리키는 쪽이 북쪽이에요.

◉ 방향을 가리키는 말에 모두 ◯표를 하세요.

동쪽	몇 쪽	남쪽
10쪽	북쪽	서쪽

◉ 다음 설명에 알맞은 말을 쓰세요.

• 동서남북 중 한쪽을 가리키는 말이다.
• 해가 뜨는 쪽이다.

◉ 알맞은 것에 ◯표를 하세요.

해가 지는 쪽이 서쪽이다.

나침반의 빨간색 바늘이 가리키는 쪽은 남쪽이다.

자세하고 실감 나게 꾸며 주는 말

말을 하거나 글을 쓸 때 어떻게 자세하게 나타낼 수 있을까요? 다음 두 문장을 읽어 보세요.

우유를 마셨어.

차가운 우유를 꿀꺽꿀꺽 마셨어.

어느 쪽이 더 자세하고 실감 나게 느껴지나요? 두 번째 문장이에요. 이처럼 같은 내용이더라도 꾸며 주는 말을 넣으면 더 자세하고 실감 나게 나타낼 수 있답니다.

이해 ▶ □□ □□ □은 뒤에 오는 말을 꾸며 주어 그 뜻을 자세하게 해요.

꾸며 주는 말 ////////////////

뒤에 오는 말을 더 자세하고 실감 나게 나타낼 수 있어요.

> 빨간 꽃이 피었어요.
> → 뒤에 오는 말인 '꽃'의 뜻을 자세하게 나타냄.

흉내 내는 말도 꾸며 주는 말이 되어 뒤에 오는 말을 자세하게 나타낼 수 있어요.

> 나비가 나풀나풀 날아요.
> → 뒤에 오는 말인 '날아요'의 뜻을 자세하게 나타냄.

꾸며 주는 말의 예 ////////////////

> 가방을 들었어요.
> ─────────────────
> 큰 가방을 들었어요.
> → '가방'을 꾸며 줌.
> 큰 가방을 번쩍 들었어요.
> → '들었어요'를 꾸며 줌.

> 신발이 예뻐요.
> ─────────────────
> 새 신발이 예뻐요.
> → '신발'을 꾸며 줌.
> 새 신발이 아주 예뻐요.
> → 예뻐요'를 꾸며 줌.

꾸며 주는 말을 넣을수록 문장은 점점 더 자세해져.

◉ 다음 설명에 알맞은 말을 쓰세요.

> 뒤에 오는 말을 꾸며 주어서 그 뜻을 자세하게 하는 말이다.

☐ ☐ ☐ ☐ ☐

◉ 꾸며 주는 말에 ○표를 하세요.

> 추운 겨울이 되었어요.

◉ 꾸며 주는 말을 쓰면 좋은 점에 모두 ○표를 하세요.

뜻이 더 자세해진다.	☐
더 실감 나게 나타낼 수 있다.	☐
글자를 더 예쁘게 쓸 수 있다.	☐

5회 ①

알맞게
띄어 읽어요

노랑아빨리들어가자.

이 문장은 "노랑아, 빨리 들어가자.", "노랑아, 빨리 들어. 가자!", "노랑아, 빨리 들어가! 자."로 읽을 수 있어요.

각각 다르게 띄어 읽은 세 개의 문장은 그 뜻이 달라요. 같은 글자로 된 문장이라도 띄어 읽는 것에 따라 문장의 뜻이 달라져요. 그래서 문장을 알맞게 띄어 읽어야 전하려는 내용을 잘 알 수 있고 뜻도 정확하게 이해할 수 있답니다.

'노랑아, ∨빨리 들어가자.'로 띄어 읽어야 해.

분홍이

노랑아, 빨리 들어가자.

노랑이

'노랑아, ∨빨리 들어. ∨가자!'로 띄어 읽어야 해.

노랑아, 빨리 들어. 가자!

'노랑아, ∨빨리 들어가! ∨자.'로 띄어 읽어야 해.

초록이

파랑이

노랑아, 빨리 들어가! 자.

이것 봐. 어디를 띄어 읽는지에 따라 문장의 뜻이 달라지기도 해.

이해 ▶ 알맞게 □□ 읽어야 뜻을 정확하게 이해할 수 있어요.

띄어 읽기 표시

띄어 읽는 곳을 표시할 때에는 ∨와 ⩔를 사용해요.

띄어 읽는 방법

문장의 앞부분과 뒷부분으로 나누어 읽어요. 주로 누가 (무엇이) 뒤에 쉬어 읽어요.

> 안경을 쓴 아저씨가∨파란색 자전거를 타고 있어요.
> 　　앞부분　　　　　　　　　뒷부분

문장 부호 뒤에서는 조금 쉬어 읽어요.

> 빵을 먹고,∨주스를 마셨어요.
> 　　　↑
> 　문장 부호(쉼표)

문장과 문장 사이에서 길게 쉬어 읽어요.

> 내 책가방이 무슨 색이냐고요?⩔보라색이에요.⩔보라
> 색을 가장 좋아하거든요.⩔ 책가방 속에는 책과 필통이
> 있어요.⩔ 또 친구에게 빌린 동화책도 있어요.
> 　　↑
> 문장과 문장 사이　　　　　　글이 끝날 때에는
> 　　　　　　　　　　　　　　⩔를 하지 않아요

◉ 알맞은 말에 ○표를 하세요.

> 　문장을 어떻게 띄어 읽는지에 따라 문장의
> (뜻 , 그림)이 달라지기도 한다.

◉ V를 써서 문장을 알맞게 띄어 읽어 보세요.

> 우리 가족은 한강에 갔습니다.

> 산책도 하고, 자전거도 탔습니다.

◉ 알맞게 띄어 읽어야 하는 까닭에 ○표를 하세요.

> 문장을 짧게 나타낼 수 있다.　　□

> 문장의 낱말을 바꿀 수 있다.　　□

> 문장의 뜻을 정확하게 이해할 수
> 있다.　　　　　　　　　　　　□

어린이의 마음을 담은 동시

'무엇을 쓸까?'

준서는 무엇을 동시로 쓸지 생각하다가 재미있는 학교생활을 동시로 썼어요. 글쓴이의 생각이나 느낌을 노래 부르는 것처럼 리듬이 느껴지게 쓴 글을 시라고 하는데, 그중에서 어린이가 읽을 수 있도록 어린이의 마음을 담아 쓴 시를 동시라고 해요. 동시는 동시의 한 줄을 가리키는 행과 행을 여러 개 묶은 덩어리인 연으로 되어 있어요.

행
동시의 한 줄.

연
행을 여러 개 묶은 덩어리.

즐거운 학교

따르릉 7시
눈이 번쩍.

냠냠냠 8시
학교로 출발.

딩동댕 9시
수업이 시작.

꼬르륵 12시
급식실로 나란히.

랄랄라 2시
집에 가자.

오늘도 즐거운 하루.

이해 ▶ 어린이의 마음을 담아 쓴 글로, 노래 부르는 듯이 리듬이 느껴지게 쓴 글을 □□라고 해요.

동시의 형식

행

동시의 한 줄을 말해요.

연

동시에서 여러 행을 묶은 덩어리를 말해요. 행이 여러 개 모이면 연이 되지요.

예

한입에 쏙쏙 포도	1행	1연
보라색 포도.	2행	
한입에 아삭 사과	3행	2연
빨간색 사과.	4행	
한입에 새콤 키위	5행	3연
초록색 키위.	6행	
한입에 마구마구	7행	4연
배가 불러요.	8행	

→ 이 동시는 4연 8행이에요.

동시의 특징

어린이를 위해 쓴 시예요.

동시는 어린이를 위하여 어린이의 마음을 담아 쓴 글이에요.

노래를 부르는 것처럼 리듬이 느껴져요.

동시는 반복되는 말이나 재미있는 말을 쓰기도 해서 동시를 읽으면 노래를 부르는 듯한 리듬이 느껴져요.

짧은 말로 나타내요.

동시는 자세하고 길게 쓰는 줄글에 비해 내용을 짧게 나타내요.

◉ **알맞은 것에 ○표를 하세요.**

동시에는 행과 연이 있다. ☐

동시에는 하루 동안 겪은 일 중 기억에 남는 일을 쓴다. ☐

◉ **알맞게 선으로 이으세요.**

행 · · 동시의 한 줄.

연 · · 여러 행을 묶은 덩어리.

◉ **알맞은 말에 ○표를 하세요.**

동시는 자세하고 긴 줄글에 비해 내용을 (길게 , 짧게) 나타낸다.

1 청소할 때 필요한 물건에 대한 설명으로 알맞지 <u>않은</u> 것은 무엇인가요? (   ) ≫--------- 사회

① 먼지떨이: 먼지를 떨 때 쓰는 물건이다.

② 빗자루: 바닥의 더러운 것을 닦을 때 쓰는 물건이다.

③ 걸레: 가구나 물건의 더러운 것을 닦을 때 쓰는 물건이다.

④ 쓰레받기: 빗자루로 쓴 쓰레기를 받아 낼 때 쓰는 물건이다.

⑤ 청소기: 먼지나 띠끌을 빨아들일 수 있는 청소를 할 때 쓰는 기계이다.

2 다음 중 두들겨서 소리를 내는 악기로 알맞은 것의 기호를 쓰세요. ≫--------- 사회

㉮ 오르간	㉯ 탬버린	㉰ 플루트	㉱ 바이올린

(   )

3 다음 설명에 알맞은 말을 쓰세요. ≫--------- 사회

- 조선 세종 때의 과학자이다.
- 혼천의, 앙부일구, 자격루, 측우기 등을 만든 사람이다.

(   )

4 앙부일구에 대한 설명으로 알맞은 것에 ○표를 하세요. ≫--------- 사회

(1) 물을 이용하여 시간을 알려준다.   (   )

(2) 솥뚜껑을 뒤집어 놓은 듯한 모습이다.   (   )

(3) 시간과 절기를 알 수 있게 만든 물시계이다.   (   )

▶ 정답과 해설 **13**쪽

5 집에서 안전하게 생활하기 위해 주의할 점을 잘못 말한 친구의 이름을 쓰세요. » .... 안전

> 민준: 다리미는 사용한 뒤에 바로 식기 때문에 넓은 면을 만져도 위험하지 않아.
>
> 희영: 음식을 만들 때 쓰는 뾰족한 가위나 날카로운 칼에 손을 베일 수 있기 때문에 조심해야 해.
>
> 지유: 뜨거운 물이 든 컵이나 국이 든 그릇에 데지 않도록 식은 뒤에 만져야 해.

(   )

6 다음 설명에 알맞은 말을 쓰세요. » .... 과학

> • 식물의 줄기 끝이나 둘레에 붙어 있는 것이다.
> • 봄에는 연한 초록이었다가 여름에는 진한 초록으로 변한다.
> • 가을이 되면 알록달록해지며 겨울이 다가오면 말라서 많이 떨어진다.

(   )

7 다음 빈칸에 들어갈 알맞은 말을 각각 쓰세요. » .... 과학

> 가을에 붉은빛이나 누런빛으로 단풍이 든 잎은   ㉠   이고, 겨울이 다가와 말라서 떨어진 잎은   ㉡   이다.

(1) ㉠: (   )   (2) ㉡: (   )

8 곤충에 대한 설명으로 알맞지 <u>않은</u> 것은 무엇인가요? (   ) » .... 과학

① 세 쌍의 다리가 가슴에 있다.
② 배는 여러 마디로 나뉘어 있다.
③ 가슴에 세 쌍의 날개가 붙어 있다.
④ 몸이 머리, 가슴, 배로 나누어져 있다.
⑤ 머리에는 냄새를 맡을 수 있는 더듬이가 있다.

9 다음 설명에 알맞은 말을 보기 에서 골라 기호를 쓰세요. 》 ········· 과학

> • 다른 동물의 눈에 띄지 않도록 주위와 비슷하게 바꾸는 몸의 색깔을 말한다.
> • 다른 동물의 공격을 피하고 자신의 몸을 보호할 수 있다.
> • 나비 애벌레, 청개구리, 카멜레온은 이것으로 자신을 보호한다.

보기
> ㉮ 공격색   ㉯ 보호색   ㉰ 안전색

(   )

10 다음 설명에 알맞은 말을 쓰세요. 》 ········· 과학

> • 방향을 알려주는 도구이다.
> • 파란색 바늘은 남쪽을 가리키고, 빨간색 바늘은 북쪽을 가리킨다.

(   )

11 다음 그림지도를 보고 ㉠~㉣에 동서남북을 알맞게 쓰세요. 》 ········· 과학

시계탑을 기준으로
(㉠)쪽에는 장미 정원이 있고,
(㉡)쪽에는 조각 동산이 있고,
(㉢)쪽에는 무지개 호수가 있고,
(㉣)쪽에는 축구장이 있다.

(1) ㉠: (   )   (2) ㉡: (   )   (3) ㉢: (   )   (4) ㉣: (   )

▶ 정답과 해설 **14**쪽

12 다음 문장에서 꾸며 주는 말을 찾아 쓰세요. » 국어

나비가 나풀나풀 날아요.

(   )

13 문장을 띄어 읽는 방법으로 알맞은 것에 모두 ○표를 하세요. » 국어

(1) 낱말과 낱말 사이에서 모두 쉬어 읽는다.   (   )
(2) 문장과 문장 사이에서는 길게 쉬어 읽는다.   (   )
(3) 한 문장은 앞부분과 뒷부분으로 나누어 읽는다.   (   )

14 띄어 읽기 표시가 알맞지 <u>않은</u> 것은 무엇인가요? (   ) » 국어

① 민주, ∨방에 들어가자!
② 우리 가족은∨한강에 갔어요.
③ 빵을 먹고, ∨주스를 마셨어요.
④ 내 책가방이 무슨 색이냐고요?∨보라색이에요.
⑤ 안경을 쓴 아저씨가∨파란색 자전거를 타고 있어요.

15 다음은 동시의 특징입니다. 빈칸에 알맞은 말을 보기 에서 골라 기호를 쓰세요. » 국어

• 동시는 ⃞ ㉠ ⃞ 을/를 위해 쓴 시이다.
• 동시를 읽으면 노래를 부르는 것처럼 리듬이 느껴진다.
• 동시는 ⃞ ㉡ ⃞ 말로 나타낸다.

보기

㉮ 어른   ㉯ 어린이   ㉰ 긴   ㉱ 짧은

(1) ㉠: (   )   (2) ㉡: (   )

사회 | 깨끗이 청소해요

ㄱ	ㄹ

ㅊ	ㅅ	ㄱ

사회 | 음악을 연주하는 악기

ㅍ	ㄹ	ㅌ

ㅂ	ㅇ	ㅇ	ㄹ

ㅋ	ㅅ	ㅌ	ㄴ	ㅊ

안전 집에서 안전하게 생활해요

과학 계절에 따라 옷을 입는 잎

ㅈ | ㅈ | ㄹ

ㅅ | ㅅ | ㅂ | ㄹ

ㅁ | ㅁ

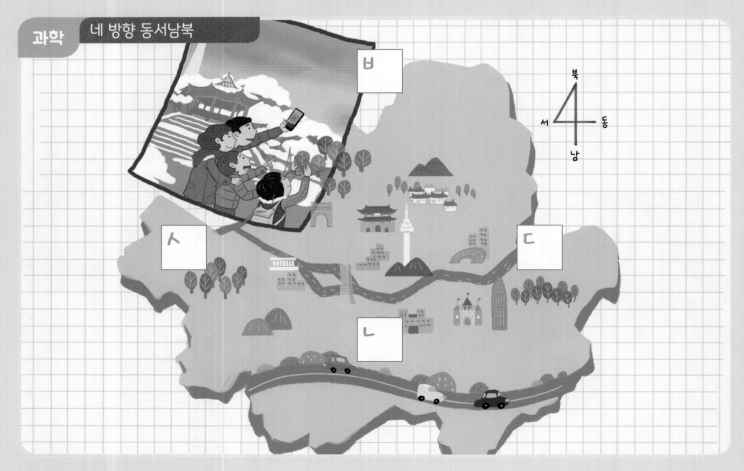

ㅂ

ㅅ

ㄷ

ㄴ

국어 자세하고 실감 나게 꾸며 주는 말

ㄲ	ㄲ	ㄲ	ㄲ

국어 알맞게 띄어 읽어요

'노랑아, ∨빨리 들어가자.'로 띄어 읽어야 해.

분홍이

노랑이

'노랑아, ∨빨리 들어∨가자.'로 띄어 읽어야 해.

ㄸ	ㅇ	ㅇ	ㄱ

'노랑아, ∨빨리 들어가∨자.'로 띄어 읽어야 해.

초록이

파랑이

소중한 내 동생

강아지를 키우고 싶어요

"어마마마, 아바마마. 우리도 강아지 키워요, 네?"

승주가 친구 민재네 집에 놀러가서 그 집 강아지 망고를 보고 나서는 우리도 강아지를 키우면 좋겠다고, 평생소원이라면서 떼쓰기를 여섯 달째예요. 결국 두 손 두 발 다 든 엄마 아빠가 가족 회의를 하기로 했어요. 승주네 가족은 엄마, 아빠, 누나인 경주, 승주까지 모두 네 명이에요.

그날 저녁, 긴급 가족 회의가 열렸어요.

"오늘 우리가 모인 이유는 모두 잘 알 겁니다. 우리 막내 승주가 강아지를 키우고 싶다고 하는데, 가족 모두의 의견을 듣고 결정을 하려고 합니다. 강아지를 키우는 것은 우리에게 또 하나의 가족이 생기는 것과 같습니다. 한 번 데려오면 우리는 그 강아지랑 오래도록 같이 살아야 합니다.

그렇기 때문에 그 문제를 온 가족이 함께 의논하려고 하는 겁니다. 다들 의견을 내 주세요."

아빠의 말씀에 가장 먼저 의견을 말한 사람은 경주였어요.

"저는 반대예요. 내년이면 저도 6학년이 되어요. 전 공부를 열심히 하고 싶어요. 그러기 위해서는 집안이 무엇보다도 조용했으면 합니다. 지금과 같은 분위기가 바뀌는 것을 원치 않습니다."

경주의 강한 주장에 승주가 입을 빼죽거렸어요. 누나 경주는 성격이 센 데다 얼마 있으면 고학년이 되어서 공부를 열심히 해야 한다고 늘 입버릇처럼 말했기 때문이지요.

"나도 반대예요. 강아지를 키우는 것은 갓난아기를 키우는 정도의 품이 들어요. 먹여야지, 씻겨야지, 똥 치워야지, 산책 시켜야지, ……. 해야 할 일이 너무 많아서 쉽게 결정할 문제는 아니라고 생각해요."

엄마였어요. 승주는 엄마까지 반대 의견을 말씀하시자 기운이 쭉 빠졌어요.

승주는 혹시나 하는 마음에 아빠만을 뚫어지게 쳐다보았어요. 아빠마저 승주 편이 안 된다면, 강아지를 키우고 싶다는 승주의 소원은 물거품이 되는 거니까요. 아빠는 울 것 같은 눈으로 자신만을 빤히 쳐다보고 있는 승주를 바라보시고는 이렇게 말씀하셨어요.

"먼저 강아지를 키우고 싶다고 했던 승주의 말을 들어보고 싶구나."

아싸! 승주는 드디어 자신에게 기회가 왔다는 생각에 힘을 주어 말했어요.

"우리 집은 너무 조용해요. 귀여운 강아지가 가족이 된다면 우리 집은 항상 웃음이 넘칠 거예요. 강아지는 저나 가족들의 좋은 친구가 될 거고요. 저는 게임을 줄이고 강아지와 놀거나 산책을 할 것이기 때문에 엄마의 잔소리도 줄면서 집안이 더욱 화목해지겠죠. 그런 좋은 기회를 놓친다는 것은 정말 말도 안 돼요!"

그러면서 승주는 귀여운 강아지가 꼬리를 살랑살랑 흔들면서 집안을 다닐 때 가족들이 느낄 따스함과 즐거움을 숨가쁘게 말했어요. 승주의 말에 갑자기 모두 조용해졌어요.

"엄마도 누나도 사실 강아지를 아주 좋아하잖아? 밖에서 강아지를 만나면 좋아서 어쩔 줄 모르는 거, 나도 다 알고 있어."

승주는 갑자기 스마트폰을 꺼내 강아지 동영상을 틀었어요. 귀여운 새끼 강아지가 커다랗고 동그란 눈을 깜빡이며 공을 쫓아다니는 깜찍한 모습이 담긴 짧은 영상이었지요. 한순간 분위기가 확 바뀌었어요. 경주가 한숨을 쉬었어요.

"그래, 네 말대로 나도 강아지를 좋아해. 그렇지만 난 곧 중학생이 되고, 강아지랑 노느라 시간을 뺏길 수는 없다고."

엄마도 덧붙였어요.

"엄마도 강아지를 아주 좋아하지만, 강아지를 키우려면 아주 힘이 든단다.

그건 잠깐 하고 마는 일이 아니라, 날마다 해야만 하는 일이야. 결국 그 모든 일을 가족들이 나눠 해야 할 텐데……. 그걸 다 할 수 있을까?"

그렇게 찬성과 반대로 나뉘어 같은 얘기들이 이어졌어요. 결국 가족들 모두 강아지를 키우는 것에는 찬성하지만, 강아지를 돌보는 일은 부담스럽다는 생각이었어요.

"강아지를 키우면서 해야 할 일들을 각자 나누어 맡으면 어떨까?"

지혜로운 아빠의 말씀에 모두 찬성했어요. 서로 일을 나누기로 하고 컴퓨터를 잘하는 경주가 표를 짰지요.

엄마	(매일) 아침밥과 점심밥 주기 / (일) 산책과 목욕	
아빠	(월) 산책과 목욕	
경주	(목, 토) 산책과 목욕	
승주	(매일) 저녁밥 주기 / (화, 수, 금) 산책과 목욕	

누나가 짜온 표는 정말 너무했어요. 그 얘길 하자 경주는 강아지를 안 키운다고 대꾸했고, 승주는 조용히 입을 다물었어요. 이처럼 할 일이 많기에 강아지 키우는 걸 반대했다며 넌 아직 어려서 잘 모른다고 타박했지요.

이어지는 내용은 72쪽에 ≫≫

1회
사회

① 여러 가지 직업

학습 계획일
월   일

② 흥겨운 풍물놀이

월   일

2
주차

2회
안전

① 건강을 위해 지키는 개인위생

학습 계획일
월   일

② 다쳤을 때 응급 치료를 해요

월   일

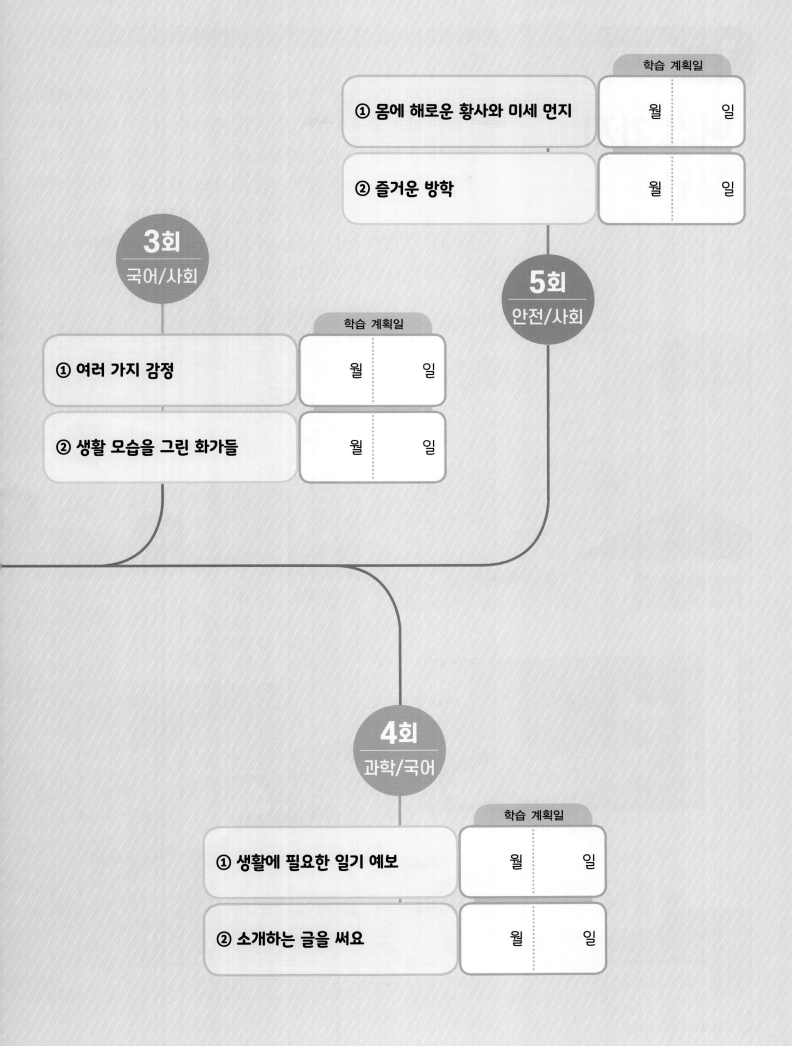

① 몸에 해로운 황사와 미세 먼지

학습 계획일

월 일

② 즐거운 방학

월 일

3회
국어/사회

① 여러 가지 감정

학습 계획일

월 일

② 생활 모습을 그린 화가들

월 일

5회
안전/사회

4회
과학/국어

① 생활에 필요한 일기 예보

학습 계획일

월 일

② 소개하는 글을 써요

월 일

여러 가지 직업

직업이란 살아가는 데 필요한 여러 가지를 얻기 위해 하는 일정한 일을 말해요. 사람들은 왜 직업을 가질까요? 생활에 필요한 돈을 벌 수 있기 때문이에요. 그리고 일을 하면서 행복과 보람을 느낄 수 있기 때문이지요. 세상에는 다양한 직업이 있어요. 경찰관, 교사, 농부, 소방관처럼 우리가 잘 알고 있는 직업도 있고, 음악 치료사, 스포츠 기록 분석 연구원과 같은 직업도 있답니다.

경찰관
사람들이 질서를 지키고, 안전하게 사는 데 도움을 주는 일을 해요.

교사
아이들을 가르치는 일을 해요.

이해 ▶ 세상에는 여러 가지 □□이 있어요.

직업 더 알아보기

소방관

불이 나지 않도록 예방하고, 불을 끄는 일을 해요. 그리고 응급 환자를 실어 옮기거나 인명 구조 등 여러 가지 일을 해요.

음악 치료사

음악으로 사람의 몸과 마음을 치료하는 일을 해요.

스포츠 기록 분석 연구원

운동선수와 팀의 성적을 과학적으로 분석하는 일을 해요.

오늘날과 비슷한 옛날의 직업은?

오늘날 버스나 택시를 운전하는 기사님처럼 옛날에는 수레에 사람을 태우고 다니던 인력거꾼이 있었어요.

◉ **알맞은 말에 ◯표를 하세요.**

살아가는 데 필요한 여러 가지를 얻기 위해 하는 일정한 일을 (직업 , 행복)이라고 한다.

◉ **알맞은 것에 ◯표를 하세요.**

모든 직업을 다 알 수 있다.

일을 하면서 행복과 보람을 느낄 수 있다.

◉ **알맞게 선으로 이으세요.**

| 음악 치료사 | · | · | 운동선수와 팀의 성적을 과학적으로 분석하는 일을 한다. |

| 스포츠 기록 분석 연구원 | · | · | 음악으로 사람의 몸과 마음을 치료하는 일을 한다. |

흥겨운 풍물놀이

예로부터 우리 조상들은 주로 농사를 지으며 살았어요. 그때는 지금처럼 농사를 짓는 데 쓰는 기구가 발달하지 않았기 때문에 일하는 게 많이 힘들었지요. 그래서 농촌에서는 여러 악기들을 연주하면서 노래도 부르고 춤도 추는 풍물놀이를 함께 즐기며 힘든 것을 잊고, 즐겁게 일할 수 있었어요.

이러한 풍물놀이는 농사를 시작할 때나 추수를 할 때 많이 즐겼다고 해요.

農者天下之大本

풍물놀이
태평소, 꽹과리, 장구, 징 등의 악기를 연주하면서 노래 부르고 춤추는 우리 고유의 음악이에요.

이해 ▶ ☐☐☐☐는 음악, 노래, 춤이 한데 어우러져서 흥겨운 우리 음악이에요.

풍물놀이에 쓰이는 주요 악기 //////////////////

태평소

나팔 모양으로 된, 입으로 불어 소리를 내는 악기예요. 나무로 만든 관에는 여덟 개의 구멍이 있어요.

꽹과리

둥근 쟁반 모양으로 징보다 작아요. 채로 쳐서 소리를 내는 악기예요.

장구

절구 모양과 비슷한 나무통의 양쪽에 가죽을 대어 채로 쳐서 소리를 내는 악기예요.

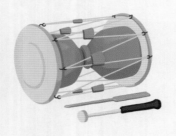

징

둥근 쟁반 모양으로 손으로 들거나 틀에 매달아 둥근 채로 쳐서 소리를 내는 악기예요.

◉ 다음 설명에 알맞은 말을 쓰세요.

- 악기 연주와 노래, 춤이 어우러진 우리 고유의 음악이다.
- 태평소, 꽹과리, 장구, 징 등의 악기가 필요하다.
- 농사를 시작할 때나 추수를 할 때 많이 즐겼다.

◉ 풍물놀이에 쓰이는 악기에 모두 ○표를 하세요.

꽹과리	가야금	징
바이올린	태평소	피아노

◉ 알맞게 선으로 이으세요.

태평소	•	•	입으로 불어 소리를 내는 악기이다.
꽹과리	•	•	채로 쳐서 소리를 내는 악기이다.

2회 ①

건강을
위해 지키는
개인위생

개인위생이란 개인의 건강을 지키기 위해 생활에서 실천해야 하는 여러 행동을 말해요. 감기나 눈병, 장염 같은 병은 다른 사람에게 퍼트리기 쉬운 병이에요. 나에게 있는 병균이나 오염물 때문에 다른 사람이 병에 걸릴 수도 있기 때문이에요. 또 식중독도 조심해야 하지요. 개인위생은 나와 다른 사람들을 위해서 잘 지키는 것이 중요해요. 그러면 꼭 지켜야 할 개인위생이 무엇인지 알아볼까요?

기침이 나오면
옷소매로 입과 코를 가려야 해요.

마스크는
감기, 독감, 코로나에 걸리게 하는 병균이나 먼지가 입이나 코에 들어가지 않도록 써야 해요.

손에는
더러운 세균이 쉽게 묻기 때문에 흐르는 물에 비누로 꼼꼼하게 30초 이상 깨끗이 씻어야 해요.

이해 ▶ 나의 건강을 위해서, 그리고 다른 사람의 건강을 위해서 □□□□을 잘 지켜야 해요.

식중독에 대해 알아보기 ////////////

식중독이란?

상하거나 오염된 음식을 먹었을 때 생기는 병으로, 토하거나 설사를 하며 배가 아픈 병이에요.

식중독을 예방하려면?

음식을 만들기 전에는 손을 깨끗이 씻어야 해요. 그리고 음식을 만드는 데 쓰는 도구들은 뜨거운 물로 깨끗하게 씻은 뒤에 사용해야 해요.

음식은 냉장고에 보관해야 해요. 그리고 냉장고에 보관한 음식은 되도록 빨리 먹어야 해요.

고기나 생선은 꼭 익혀 먹어야 해요. 그리고 과일과 채소는 깨끗이 씻어 먹어야 해요.

◉ 다음 설명에 알맞은 말을 쓰세요.

> • 개인의 건강을 지키기 위해 생활에서 실천해야 하는 여러 행동을 말한다.
> • 나뿐만 아니라 다른 사람을 위해서도 필요하다.

☐ ☐ ☐ ☐

◉ 알맞은 것에 ○표를 하세요.

> 손은 더러운 것이 묻었을 때만 씻는다.

☐

> 독감에 걸리지 않도록 마스크를 쓴다.

☐

◉ 알맞은 말에 ○표를 하세요.

> 식중독을 예방하려면 음식은 (식탁 위 , 냉장고)에 보관하고, 되도록 빨리 먹어야 한다.

2회 ②

다쳤을 때 응급 치료를 해요

학교나 밖에서 친구들과 놀다가 내가 또는 친구가 심하게 다쳤을 때 어떻게 해야 할까요? 빠른 응급 치료가 필요해요. 응급 치료란 사고로 상처가 났을 때 병원에 가기 전 간단한 치료를 하는 것을 말해요. 응급 치료를 잘하면 상처가 빨리 나을 수 있어요. 상황에 따라 목숨을 구할 수도 있지요.

간단한 응급 치료 방법을 알아두면 큰 도움이 된답니다. 함께 알아볼까요?

뜨거운 것에 데었을 때
흐르는 찬물로 덴 곳의 열을 식히고 연고를 발라요.

상처가 났을 때
흐르는 물로 상처 난 곳을 씻고, 피가 멈추면 연고를 발라요.

이해 ▶ 학교에서 다쳤을 때는 보건실에서 보건 선생님께 □□ □□를 받을 수 있어요.

▶ 정답과 해설 22쪽

응급 치료 방법 더 알아보기 ///////////////////

미끄러운 곳에서 넘어졌을 때

다친 데가 없는지 살피면서 천천히 일어나야 해요.

뾰족한 것에 찔렸을 때

뾰족한 것을 뽑고 소독을 한 뒤에 연고를 발라야 해요.

눈에 티끌이 들어갔을 때

눈을 비비지 말고, 눈을 빠르게 깜빡이면 돼요.

혀를 깨물었을 때

입안 다친 쪽에 얼음을 물고 피가 멈추기를 기다려야 해요.

◉ 알맞게 선으로 이으세요.

상처가 났을 때	·	·	흐르는 물로 상처 난 곳을 씻고, 피가 멈추면 연고를 바른다.
혀를 깨물었을 때	·	·	입안 다친 쪽에 얼음을 물고 피가 멈추기를 기다린다.

◉ 알맞은 것에 ○표를 하세요.

눈에 티끌이 들어갔을 때는 눈을 비빈다. ☐

미끄러운 곳에서 넘어졌을 때는 천천히 일어난다. ☐

◉ 알맞은 말에 ○표를 하세요.

뜨거운 것에 데었을 때는 흐르는 (찬물 , 더운물)로 덴 곳의 열을 식혀야 한다.

3회 ①

여러 가지 감정

예리는 지호와 싸웠어요. 서로 자기 생각이 옳다고 우겼거든요. 예리와 지호는 둘 다 화가 나서 서로 쳐다보지도 않았지요. 하지만 시간이 갈수록 서로에게 미안한 마음이 들고, 슬픈 마음도 들었어요. 예리는 지호가 계속 말을 하지 않을까 봐 걱정이 되었어요. 그래서 용기를 내어 사과했어요. 두 사람은 다시 친하게 지낼 수 있게 되어서 기뻤어요.

이처럼 어떤 일에 대해 느끼는 마음을 감정이라고 해요.

화나다
마음이 섭섭하고 좋지 않아 화가 왈칵 날 때 느끼는 감정이에요.

기쁘다
마음이 흐뭇하고 만족스러울 때 느끼는 감정이에요.

이해 ▶ 화나고 슬프고 미안하고 기쁜 마음을 □□이라고 해요.

▶ 정답과 해설 23쪽

감정을 나타내는 말

신나다
어떤 일에 흥이 나거나 흥분이 되어 기분이 매우 좋아질 때 느끼는 감정이에요.

슬프다
마음이 아프고 괴로울 때 느끼는 감정이에요.

부끄럽다
매우 수줍거나 잘못을 저질렀을 때 느끼는 감정이에요.

무섭다
겁이 나거나 마음이 불안할 때 느끼는 감정이에요.

◉ 알맞은 말에 ○표를 하세요.

어떤 일에 대해 느끼는 마음을 (감정 , 감상)이라고 한다.

◉ 알맞게 선으로 이으세요.

| 기쁘다 | • | • | 마음이 아프고 괴로울 때 느끼는 감정이다. |
| 슬프다 | • | • | 마음이 흐뭇하고 만족스러울 때 느끼는 감정이다. |

◉ 다음 설명에 알맞은 말을 쓰세요.

겁이 나거나 마음이 불안할 때 느끼는 감정이다.

☐☐☐

3회 ②

생활 모습을 그린 화가들

수업 시간에 우리의 생활 모습을 그림으로 나타내는 활동을 했어요. 친구들과 운동장에서 공 차기, 마트에서 부모님과 장 보기 등이 우리의 생활 모습이지요.

옛날에도 생활 모습을 그린 화가들이 있었어요. 우리나라에는 씨름하는 모습이나 벼를 타작하는 모습 등을 그린 김홍도가 있어요. 프랑스에는 농촌에서 씨를 뿌리거나 이삭을 줍는 모습을 그린 밀레가 있지요.

밀레
농촌의 풍경과 생활 모습을 그린 프랑스의 화가예요.

김홍도
서민들의 생활 모습을 생생하고 재미있게 그린 우리나라의 화가예요.

이해 ▶ 우리나라의 화가 김홍도와 프랑스의 화가 밀레의 공통점은 □□ □□을 그렸다는 것이에요.

김홍도가 그린 그림 알아보기 ///////////////

〈씨름〉

우리 고유 운동인 씨름을 하고 있는 두 사람과 빙 둘러싸고 구경하는 여러 사람들의 모습을 그린 그림이에요.

〈벼 타작〉

감독하는 사람은 누워서 빈둥거리고 있고, 일꾼들은 열심히 벼의 낟알을 떨어내는 모습을 그린 그림이에요.

〈서당〉

옛날에 공부를 가르치던 곳인 서당의 모습을 그린 그림이에요. 오늘날 선생님과 같은 훈장님 앞에서 훌쩍거리는 아이, 킥킥 웃는 아이의 모습이 재미있게 나타나 있어요.

밀레가 그린 그림은? ///////////////

밀레가 그린 그림으로는 〈이삭 줍는 여인들〉, 〈씨 뿌리는 사람〉, 〈만종〉, 〈감자〉 등이 있어요.

◉ 김홍도와 밀레의 공통점에 ○표를 하세요.

생활 모습을 그렸다.	

상상 속의 인물을 그렸다.	

◉ 다음 설명에 알맞은 말을 쓰세요.

• 우리나라의 화가이다.
• 서민들의 생활 모습을 생생하고 재미있게 그렸다.

☐ ☐ ☐

◉ 알맞은 말에 ○표를 하세요.

프랑스의 화가 밀레가 그린 그림은 (〈씨름〉 , 〈이삭 줍는 여인들〉)이다.

4회 ①

생활에 필요한 일기 예보

비, 눈, 바람, 기온 등 그날의 날씨를 미리 알면 좋은 점이 많아요. 알맞게 옷을 입을 수 있고, 여행이나 소풍을 가기 전 제대로 계획할 수 있어요. 그리고 논밭에서 농사를 짓거나 바다에 나가 고기를 잡는 일에도 큰 도움이 돼요. 큰 피해를 주는 태풍이나 장마에도 미리 대비할 수도 있어요.

이처럼 날씨를 미리 짐작하여 알려 주는 일기 예보는 우리 생활에 큰 도움을 준답니다.

일기 예보
날씨를 미리 짐작하여 알려 주는 것을 말해요.

춘천 2.3°
서울 4.5°   강릉 8.3°
백령 6.6°   울릉/독 8.6°
수원 5.2°   청주 4.4°
              안동 5°
대전 6.3°
전주 6.5°   대구 7.6°
              울산 8.5°
광주 8.6°
목포 8.3°   부산 11.6°
       여수 9.1°

제주 15°

오전   오후

이해 ▶ 운동회 전날에는 꼭 ☐☐ ☐☐를 보고 날씨를 확인하게 돼요.

일기 예보에 알맞은 행동

비가 많이 내린다고 하면 홍수를 막기 위해 강둑에 모래주머니를 쌓아야 해요.

태풍이 온다고 하면 지붕은 바람에 날아가지 않게 고치고, 간판은 떨어지지 않게 단단히 묶어야 해요.

눈이 많이 내린다고 하면 쌓인 눈에 집이 무너지지 않도록 지붕이나 비닐하우스 등을 미리 살펴보아야 해요.

기상청에서 하는 일

기상청에서는 여러 장비들을 활용하여 기온, 습도, 강수량, 공기 상태 등을 관찰하고 측정해요. 이러한 자료들을 분석한 뒤에 일기 예보를 텔레비전이나 라디오 등 여러 곳에 발표해요. 그리고 기후 변화, 지진이나 화산, 우주의 기상 등 여러 가지를 연구하지요. 이러한 내용들은 우리 생활 여러 곳에서 쓰이고 있답니다.

◉ 다음 설명에 알맞은 말을 쓰세요.

- 날씨를 미리 짐작하여 알려 주는 것을 말한다.
- 농사를 짓거나 고기를 잡는 일에도 큰 도움이 된다.
- 태풍이나 장마에도 미리 대비할 수 있다.

☐ ☐ ☐ ☐

◉ 알맞은 것에 ○표를 하세요.

눈이 많이 내린다는 일기 예보가 있을 때는 미리 물을 뿌린다. ☐

비가 많이 내린다는 일기 예보가 있을 때는 홍수를 막기 위해 강둑에 모래주머니를 쌓는다. ☐

◉ 알맞은 말에 ○표를 하세요.

일기 예보를 발표하고, 날씨와 기후를 연구하는 곳은 (철도청 , 기상청)이다.

4회 ②

소개하는 글을 써요

지운이는 포도를 좋아해요. 그런데 주변에 포도를 좋아하는 친구들이 많지 않아요. 그래서 좋아하는 과일인 포도의 모양과 색깔, 맛에 대해 다른 사람들에게 알리고 싶어서 글을 썼어요. 이렇게 사람이나 물건에 대해 다른 사람에게 알려 주는 글을 소개하는 글이라고 해요. 소개하는 글에는 대상의 특징이 잘 나타나 있기 때문에 소개하는 글을 읽으면 대상에 대해 잘 알 수 있어요.

내가 좋아하는 과일은 포도예요.
　　　　　　　　소개할 대상

둥근 알갱이가 여러 개 모여서 하나의 포도송이를 이루어요.
　　　　　　　　　　　　　　　특징❶ 모양

색깔은 (보라색)인 것이 많지만 (연두색)인 것도 있어요.
　　　特징❷ 색깔

포도 껍질을 벗기면 말랑말랑한 포도알이 있어요.

한 알씩 떼어서 한입에 쏙 넣으면 달콤한 맛이 나요.
　　　　　　　　　　　　　　特징❸ 맛

소개할 대상의 특징
❶ 모양: 둥근 알갱이가 여러 개 모여서 하나의 포도송이를 이룬다.
❷ 색깔: 보라색, 연두색
❸ 맛: 달콤하다.

이해 다른 사람에게 어떤 대상에 대해 알려 주고 싶을 때는 □□하는 글을 쓰면 돼요.

소개할 대상

장난감이나 학용품과 같이 주변에 있는 물건을 소개할 수도 있고, 가족이나 친구와 같이 사람을 소개할 수도 있어요. 또 음식이나 읽은 책, 좋아하는 동물을 소개할 수도 있어요.

소개하는 글을 쓰는 방법

> ### 소개할 대상을 정해요.

평소에 잘 알고 있거나 관심이 있는 대상이거나 다른 사람들이 흥미 있어할 만한 대상을 정해요.

> ### 소개할 대상의 특징을 찾아보아요.

소개할 대상의 모양이나 크기, 냄새, 맛 등을 떠올려 정리해요. 사람을 소개할 때는 이름이나 좋아하는 것, 잘하는 것 등 그 사람의 특징을 떠올려 정리해요.

> ### 중요한 특징이 잘 드러나게 글을 써요.

소개할 대상에 대해 정리한 내용 중에서 중요한 특징을 골라 자세하게 써요.

소개하는 글을 쓸 때 주의할 점

정확한 내용을 써야 해요.
대상의 특징을 쓴 글이므로 정확한 내용인지 확인해야 해요.

쉽고 자세하게 써야 해요.
정리한 내용을 바탕으로 대상의 특징이 잘 드러나도록 쉽고 자세하게 써야 해요.

◉ **다음에서 설명하는 것은 무엇인지 쓰세요.**

> 사람이나 물건에 대해 다른 사람에게 알려 주는 글이다.

◉ **알맞은 말에 ○표를 하세요.**

> 소개하는 글을 쓸 때는 소개할 대상을 정한 다음, 대상의 (생각 , 특징)이 잘 드러나게 쓴다.

◉ **소개하는 글을 쓸 때 주의할 점에 ○표를 하세요.**

대상의 특징을 자세하게 써야 한다.	
대상에 대한 내용을 어렵게 써야 한다.	

5회 ①

몸에 해로운 황사와 미세 먼지

요즘 일기 예보에서는 날씨뿐만 아니라 황사나 미세 먼지에 대해서도 알려 주어요. 황사나 미세 먼지가 심한 날에는 되도록 외출을 하지 말고 자가용 이용을 줄이는 게 좋아요. 왜냐하면 몸에 해롭기 때문이에요. 황사는 자연적으로 생긴 먼지이기 때문에 막을 수 없지만, 미세 먼지는 우리가 노력하면 줄일 수 있어요. 지구의 환경을 위해 가까운 거리는 걸어 다니고, 먼 거리는 대중교통을 이용하도록 해요.

황사
중국 사막에서 우리나라로 불어오는 누렇고 작은 모래 먼지예요.

미세 먼지
눈에 보이지 않는 아주 작은 먼지예요.

이해 ▶ □□는 자연적으로 생긴 먼지이고, □□ □□는 사람이 환경을 오염시켜서 생긴 먼지예요.

황사와 미세 먼지 ////////////////////////////////

황사는 중국의 모래 먼지인데, 바람을 타고 우리나라로 오는 자연 현상을 말하기도 해요. 그러나 미세 먼지는 공장이나 가정, 자동차에서 나오는 오염 물질이 몸에 해로운 먼지로 변한 거예요.

황사나 미세 먼지가 심한 날 안전하게 생활하기

> 되도록 밖에 나가지 말고, 집 안에 머무는 것이 좋아요.

> 외출할 때는 마스크를 쓰고, 몸을 가리는 긴 옷을 입는 것이 좋아요.

> 외출했다가 집에 돌아오면 얼굴과 손발을 깨끗이 씻고, 양치질도 하는 것이 좋아요.

◉ 알맞은 말에 각각 ○표를 하세요.

> 중국 사막에서 우리나라로 불어오는 누렇고 작은 모래 먼지는 (황사 , 미세 먼지), 눈에 보이지 않는 아주 작은 먼지는 (황사 , 미세 먼지)이다.

◉ 다음 설명에 알맞은 말을 쓰세요.

> • 공장이나 가정, 자동차에서 나오는 오염 물질이 몸에 해로운 먼지로 변한 것이다.
> • 우리가 노력하면 줄일 수 있다.

◉ 황사나 미세 먼지가 심한 날 안전하게 생활하는 방법에 ○표를 하세요.

> 밖에 나가서 오래도록 논다.

> 외출했다가 집에 오면 얼굴과 손발을 깨끗이 씻는다.

5회 ②

즐거운 방학

학교에서 학기가 끝난 뒤나 학년이 끝난 뒤에는 방학을 해요. 더운 여름과 추운 겨울 동안 학교에서 수업을 안 하는 거예요. 방학이 되면 많은 것들을 경험하고 하고 싶었던 일을 할 수 있어서 좋아요. 하지만 잘못하면 시간을 헛되게 보낼 수 있답니다. 그래서 미리 방학 계획을 세우고 지키려고 노력하는 것이 중요해요. 방학 계획을 어떻게 세워야 하는지 함께 알아보아요.

방학 계획을 세울 때는
- 하고 싶은 일과 해야 할 일을 바탕으로 계획을 세워요.
- 꼭 실천할 수 있는 내용을 계획으로 세워요.
- 계획을 다 세우면 고칠 것은 없는지 살펴봐요.

이해 ▶ □□을 알차게 보내기 위해서는 미리 방학 계획을 세우는 것이 좋아요.

방학 계획 세우기

• 방학 계획을 세울 때는 방학 기간 전체 계획과 하루 생활 계획을 모두 세워요.
• 매일 해야 하는 일, 날을 정해서 해야 하는 일은 나누어서 표시하는 것이 좋아요.

방학 기간 전체 계획 세우기

• 여행과 같은 가족 행사는 부모님께 미리 여쭈어보아요.
• 하고 싶은 일과 해야 할 일을 생각하여 꼭 실천할 수 있는 계획을 적어요.

⟨예⟩

일	월	화	수	목	금	토
8월		1 줄넘기 운동 시작	2	3	4	5 가족 여행
6	7	8	9	10	11	12
13	14	15	16	17	18 할머니 댁 가기	19
20	21	22	23	24	25	26
27	28 개학	28	30	31		

하루 생활 계획 세우기

• 꼭 실천할 수 있는 계획을 세워요.
• 취미 활동, 운동, 공부 등을 골고루 할 수 있도록 계획을 세우는 것이 좋아요.

⟨예⟩ 민형이의 하루 계획표

◉ 다음 설명에 알맞은 말을 쓰세요.

• 학교에서 학기가 끝난 뒤나 학년이 끝난 뒤에 하는 것이다.
• 학교에서 수업을 안 한다.
• 많은 것을 경험할 수 있다.

☐ ☐

◉ 알맞은 말에 ◯표를 하세요.

방학 계획을 세울 때는 방학 기간 전체 계획과 (하루 , 한 시간) 생활 계획을 모두 세우도록 한다.

◉ 방학 계획을 잘 세운 것에 ◯표를 하세요.

실천할 수 있는 내용을 방학 계획으로 세운다. ☐

하고 싶은 모든 일을 모두 방학 계획으로 세운다. ☐

1 다음 설명에 알맞은 말을 쓰세요. 》-- 사회

> • 살아가는 데 필요한 여러 가지를 얻기 위해 하는 일정한 일을 말한다.
> • 경찰관, 교사, 농부, 소방관, 음악 치료사, 스포츠 기록 분석 연구원 등 여러 가지가 있다.

(   )

2 풍물놀이에 대한 설명으로 알맞은 것에 ○표를 하세요. 》------------------------ 사회

(1) 풍물놀이는 악기 연주와 노래, 춤이 어우러진 현대 음악이다.   (   )

(2) 태평소, 꽹과리, 장구, 징 등의 악기가 필요하다.   (   )

(3) 농촌에서 동네 사람들의 생일 때마다 즐기던 놀이이다.   (   )

3 알맞게 선으로 이으세요. 》-- 사회

| 징 | • | • | 절구 모양과 비슷한 나무통의 양쪽에 가죽을 대어 채로 쳐서 소리를 내는 악기이다. |

| 장구 | • | • | 둥근 쟁반 모양으로 손으로 들거나 틀에 매달아 둥근 채로 쳐서 소리를 내는 악기이다. |

4 개인위생에 대해 알맞게 말하지 <u>않은</u> 친구의 이름을 쓰세요. 》------------- 안전

> 영수: 기침이 나올 때는 손으로 입을 가리면 돼.
> 현준: 감기나 독감에 걸리지 않도록 마스크를 꼭 쓰고 다녀야 해.
> 정민: 손에는 더러운 세균이 쉽게 묻기 때문에 비누로 자주 씻는 것이 중요해.

(   )

▶ 정답과 해설 **29**쪽

5 식중독과 예방 방법에 대한 설명으로 알맞지 <u>않은</u> 것은 무엇인가요? (   ) 》 ········· 안전

① 고기나 생선은 날로 먹어야 한다.

② 토하거나 설사를 하며 배가 아픈 병이다.

③ 과일과 채소는 깨끗이 씻어 먹어야 한다.

④ 상하거나 오염된 음식을 먹었을 때 생기는 병이다.

⑤ 냉장고에 보관한 음식이라도 되도록 빨리 먹는 것이 좋다.

6 다음 설명에 알맞은 말을 보기 에서 골라 기호를 쓰세요. 》 ········· 안전

• 사고로 상처가 났을 때 병원에 가기 전 간단한 치료를 하는 것을 말한다.

• 상처를 빨리 낫게 할 수 있다.

보기

㉮ 간단 치료   ㉯ 응급 치료   ㉰ 일상 치료

(   )

7 응급 치료 방법에 대한 설명으로 알맞은 것에 모두 ○표를 하세요. 》 ········· 안전

(1) 뾰족한 것에 찔렸을 때는 찬물로 씻어야 한다.   (   )

(2) 눈에 티끌이 들어갔을 때는 눈을 빠르게 깜빡여야 한다.   (   )

(3) 뜨거운 것에 데었을 때는 흐르는 찬물로 덴 곳의 열을 식혀야 한다. (   )

8 다음 빈칸에 들어갈 알맞은 말을 고르세요. 》 ········· 국어

어떤 일에 흥이 나거나 흥분이 되어 기분이 매우 좋아질 때 느끼는 감정은 (신나다 , 화나다)이다.

9 다음 그림에 대해 알맞지 <u>않게</u> 말한 친구의 이름을 쓰세요. »----------------------------- 사회

정희: 이 그림은 우리나라의 화가인 김홍도가 그린 〈서당〉
이야.

도윤: 옛날에 공부를 가르치던 곳인 서당의 모습을 그린
그림이야.

유선: 훈장님과 함께 신나게 춤을 추는 모습이 재미있게
나타나 있어.

(   )

10 일기 예보와 관련된 설명으로 알맞지 <u>않은</u> 것은 무엇인가요? (   ) »----------------------------- 과학

① 날씨에 알맞게 옷을 입을 수 있다.
② 날씨를 미리 알면 좋은 점이 많다.
③ 태풍이나 장마에는 미리 대비할 수가 없다.
④ 농사를 짓거나 고기를 잡는 일에도 큰 도움이 된다.
⑤ 일기 예보란 날씨를 미리 짐작하여 알려 주는 것이다.

11 알맞게 선으로 이으세요. »----------------------------- 과학

| 태풍이 온다는 일기 예보 | · | · | 쌓인 눈에 집이 무너지지 않도록 지붕이나 비닐하우스 등을 미리 살펴본다. |

| 눈이 많이 내린다는 일기 예보 | · | · | 지붕은 바람에 날아가지 않게 고치고. 간판은 떨어지지 않게 단단히 묶는다. |

▶ 정답과 해설 **30**쪽

12 다음 글에서 소개하는 과일은 무엇인지 쓰세요. » ·· 국어

> 둥근 알갱이가 여러 개 모여 하나의 송이를 이루어요.
> 색깔은 보라색인 것이 많지만 연두색인 것도 있어요.
> 껍질을 벗기면 말랑말랑한 알이 있어요.

(   )

13 다음 글에서 ㉠과 ㉡은 각각 무엇을 소개한 것인지 보기 에서 골라 기호를 쓰세요. » ···· 국어

> 내가 좋아하는 과일은 포도예요.
> ㉠ 포도는 둥근 알갱이가 여러 개 모여 하나의 포도송이를 이루어요.
> ㉡ 색깔은 보라색인 것이 많지만 연두색인 것도 있어요.
> 포도 껍질을 벗기면 말랑말랑한 포도알이 있어요.

보기

㉮ 맛	㉯ 크기	㉰ 모양	㉱ 색깔

(1) ㉠: (   )   (2) ㉡: (   )

14 황사와 미세 먼지에 대한 설명으로 알맞은 것은 무엇인가요? (   ) » ········ 안전

① 미세 먼지는 누렇고 작은 모래 먼지이다.
② 황사는 우리나라에서 볼 수 없는 자연 현상이다.
③ 미세 먼지는 중국에서 바람을 타고 오는 것이다.
④ 미세 먼지는 눈에 보이지 않는 아주 작은 몸에 해로운 먼지이다.
⑤ 황사는 공장이나 가정, 자동차에서 나오는 오염 물질이 변한 것이다.

15 방학에 대한 설명으로 알맞은 것에 모두 ○표를 하세요. » ······································ 사회

(1) 방학 계획은 부모님께 세워 달라고 한다.   (   )
(2) 꼭 실천할 수 있는 계획을 세우는 것이 좋다.   (   )
(3) 방학 기간 전체 계획과 하루 생활 계획을 모두 세운다.   (   )

사회　여러 가지 직업

ㄱ　ㅊ　ㄱ

ㄱ　ㅅ

사회　흥겨운 풍물놀이

天下之大本

ㄲ　ㄱ　ㄹ

ㅈ　ㄱ

안전 건강을 위해 지키는 개인위생

안전 다쳤을 때 응급 치료를 해요

ㅅ	ㄴ	ㄷ

ㅅ	ㅍ	ㄷ

ㅂ	ㄲ	ㄹ	ㄷ

ㅁ	ㅅ	ㄷ

과학　생활에 필요한 일기 예보

춘천 2.3°
서울 4.5°
강릉 8.3°
울릉/독도 8.6°
백령 6.6°
수원 5.2°
청주 4.4°
안동 5°
대전 6.3°
대구 7.6°
전주 6.5°
울산 8.5°
광주 8.6°
부산 11.6°
목포 8.3°
여수 9.1°

ㅂ	ㄹ

ㄴ

ㅇ	ㄴ	ㅇ	ㅂ

ㅂ

▶ 정답과 해설 **32**쪽

국어 소개하는 글을 써요

내가 좋아하는 과일은 □ㅍ□ □ㄷ□ 예요.

둥근 알갱이가 여러 개 모여서 하나의 송이를 이루어요.

색깔은 보라색인 것이 많지만 연두색인 것도 있어요.

한 알씩 떼어서 한입에 쏙 넣으면 달콤한 맛이 나요.

안전 몸에 해로운 황사와 미세 먼지

ㅎ ㅅ

ㅁ ㅅ ㅁ ㅈ

몽글이를 만나다

가족 회의가 있었던 그 주 토요일, 친구와 약속이 있었던 누나 경주를 빼고 세 사람이 가족으로 맞을 강아지를 만나러 유기견 센터에 갔어요. 승주는 가장 먼저 눈이 마주친, 검정 털이 몽글몽글 뭉친 자그마한 강아지에게서 눈을 떼지 못했어요. 강아지의 동그란 눈망울이 승주에게 가족이 되어 달라고 말하는 것 같았지요.

"우리 승주는 저 친구가 맘에 들었나 보구나?"

아빠가 승주의 모습을 보시고 웃으면서 말씀하셨어요.

"네에~. 너무 귀엽잖아요. 우리 저 강아지를 키워요."

그렇게 몽글이는 승주네 가족이 되었어요. 그날부터 승주네는 몽글이네가 되었지요. 이제 백일을 갓 넘긴 몽글이는 승주의 두 손에 쏙 들어갈 정도로 작고 빛나는 검정 털이 몽글몽글 뭉친 귀여운 강아지였어요. 승주는 온종일

몽글이를 바라보느라고 숙제도 제대로 못할 지경이었지요.

"그렇게 좋니? 그래도 처음 약속을 잊지 말아야 해? 숙제도 제대로 하고, 게임도 줄이고, 몽글이 돌보기도 제대로 하겠다는 약속. 알겠지?"

엄마는 승주에게 다시 다짐을 받았어요.

승주는 몽글이와 함께 하는 하루하루가 즐거웠어요. 금요일에는 친구 민재와 민재네 강아지 망고, 그리고 몽글이와 함께 공원 산책을 나갔어요. 다행히도 망고가 꼬맹이 몽글이랑 금세 친해졌어요. 망고가 낙엽 위를 버스락거리며 뛰어가면 몽글이도 바스락거리며 망고 뒤를 따라다녔어요. 망고는 마치 몽글이의 누나라도 되는 것처럼 누군가가 몽글이에게 다가가면 으르렁거리며 몽글이를 보호했지요.

"민재야, 망고 좀 봐. 몽글이가 정말 좋은가 봐."

승주가 말했어요.

"망고가 몽글이 누나 같지 않니? 저렇게 보호해 주고……. 우리 망고가 몽글이 만나서 정말 의젓해졌는데?"

민재는 몽글이를 자기 강아지처럼 예뻐해 주었어요. 몽글이 덕에 민재랑도 더 친해지는 것 같아서 승주는 정말 기분이 좋았어요. 그런데 몽글이가 뭐가 불편한지 움찔대며 걷다가는 자꾸 멈추는 것이 아니겠어요? 놀란 승주가 민재에게 물었어요.

"몽글이 아픈 거 아니야? 왜 저러지?"

그 말에 몽글이를 가만히 지켜보던 민재가 웃음을 터뜨렸어요.

"하하, 응가하려는 거잖아. 너, 이 형님한테 한참 배워야겠다."

정말이었어요. 몽글이는 끙끙 앓는 소리를 내더니 힘을 주어 응가를 했지요. 그러고는 다시 망고를 따라 신나게 놀기 시작했어요. 걱정을 덜고 자리를 옮기려는 승주를 민재가 붙잡았어요.

"왜?"

승주가 물었어요.

"너네 몽글이가 응가했잖아? 응가 치워야지."

그러면서 민재가 배변 봉투를 내밀었어요.

"으윽, 나 아직 한 번도 안 해 봤는데……."

승주가 얼굴을 찡그리며 말했어요.

"그래서? 나더러 하라는 건 아니지? 몽글이가 네 동생이라며? 동생 응가는 형아가 치워야지."

승주는 질색이었지만 어쩔 수 없이 민재가 내미는 배변 봉투를 들고는 몽글이가 만들어 놓은 노란색 무더기로 다가갔어요. 냄새가 많이 나지는 않았지만 썩 예뻐 보이지는 않았지요. 코를 막고 고개를 돌리는 승주를 보고는 민재가 기가 막힌 표정을 지었어요.

"어휴, 넌 뭐냐? 몽글이가 귀여운 짓 하면 동생이고, 응가 하면 동생 아니냐? 그런 게 어딨냐?"

민재의 말에 승주는 뜨끔했어요. 코를 막고 간신히 몽글이 응가를 치웠지요. 몽글이 산책을 마치고 집에 돌아온 뒤에도 승주의 할 일은 끝나지 않았어요. 온통 더러워진 몽글이를 목욕시키는 임무가 승주에게 떨어졌어요.

"엄마, 너무해요! 저는 몽글이 산책을 시키고 응가도 치우느라 엄청 고생했어요. 그러면 몽글이 목욕은 다른 사람이 해 주어야 하는 거 아닌가요?"

승주가 항의했어요. 그러자 경주가 얼굴을 쑥 내밀고는 말했어요.

"오늘 몽글이 목욕 당번은 너야! 목욕시키는 게 싫었으면 몽글이 산책도 하지 말았어야지!"

누나가 얄미웠던 승주는 몽글이를 욕조에 내려놓으며 투덜거렸어요.

"온 가족이 나한테만 일을 시키니까 그렇지!"

"그럼 키우자는 말을 하지 말았어야지! 이렇게 할 일이 많으니까 반대했던 거잖아. 네가 키우자며?"

누나의 말에 승주의 불만이 쏙 들어갔어요. 게다가 검정 털에 하얀 거품을 품은 몽글이의 귀여운 모습에 벙싯벙싯 웃음만 나왔지요. 몽글이 털을 드라이어로 다 말려 준 승주는 지쳐서 거실에서 잠이 들고 말았어요. 몽글이도 산책이 피곤했는지 승주 품을 파고들며 잠이 들었지요. 거실로 나온 아빠가 그 모습을 보시더니 방그레 웃음을 지으며 승주와 몽글이를 방으로 옮겼어요.

이어지는 내용은 106쪽에 >>>

1회 과학

① 식물의 겨울나기

학습 계획일
월　일

② 사막에 사는 동물

학습 계획일
월　일

3
주차

2회 사회

① 우리나라의 전통 집

학습 계획일
월　일

② 세계 여러 나라의 전통 집

학습 계획일
월　일

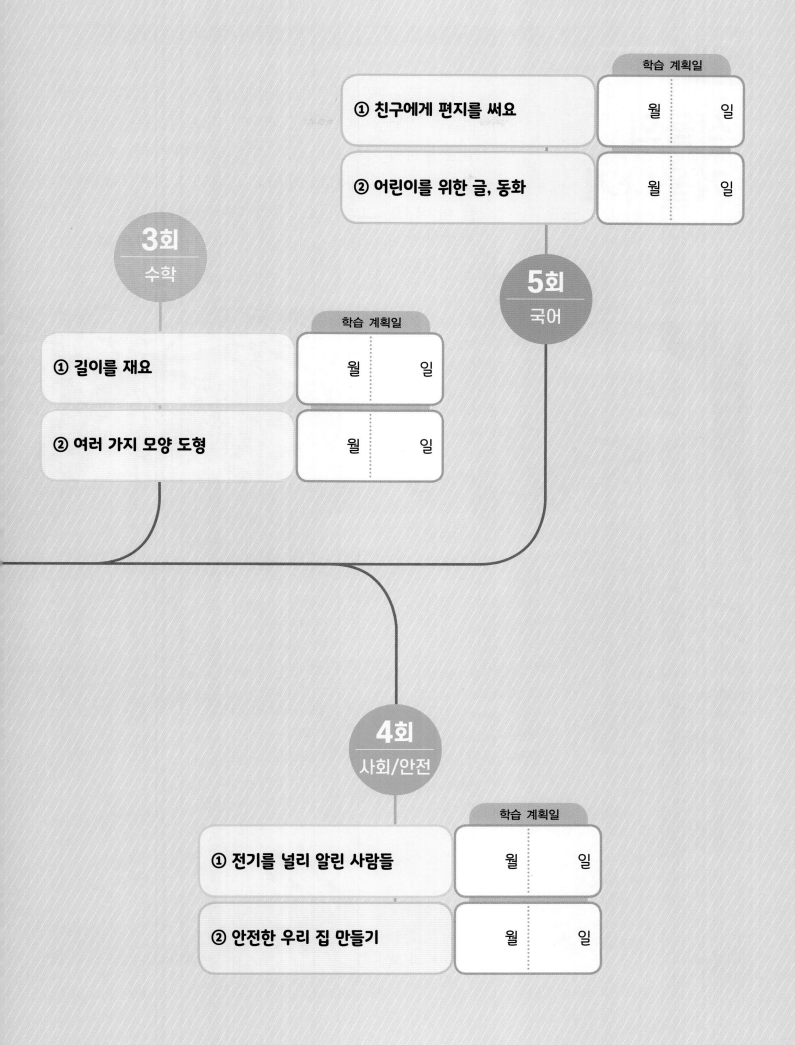

3회
수학

① 길이를 재요

학습 계획일
월 일

② 여러 가지 모양 도형

학습 계획일
월 일

5회
국어

① 친구에게 편지를 써요

학습 계획일
월 일

② 어린이를 위한 글, 동화

월 일

4회
사회/안전

① 전기를 널리 알린 사람들

학습 계획일
월 일

② 안전한 우리 집 만들기

월 일

식물의 겨울나기

식물들은 추운 겨울을 어떻게 지낼까요? 여러 모습으로 겨울을 지낸답니다. 목련, 개나리, 버드나무는 꽃이나 잎이 있던 부분이 겨울눈이 되어 지내요. 튤립은 땅속에서 알 모양의 뿌리로 지내지요. 냉이나 민들레는 땅에 붙어서 추위를 이겨내요. 그리고 소나무와 향나무는 그 모습 그대로 겨울을 지내지요. 1년만 사는 봉숭아 같은 풀꽃은 씨로 겨울을 지낸답니다.

겨울눈

나무가 겨울을 견디기 위해 나무 끝에 만든 것이에요. 그 속에 꽃이나 잎이 될 것이 들어 있어요.

씨

싹이 터서 식물로 자랄 수 있는 것으로, 겉이 단단한 껍질로 싸여 있어요.

이해 ▶ 식물이 겨울철을 지내는 것을 식물의 □□□□라고 해요.

식물의 겨울을 나는 방법 //////////////////////////////////

알뿌리로 지내기

튤립과 같은 식물은 꽃이나 잎, 줄기는 죽지만 뿌리는 살아서 알 모양에 양분을 저장하여 겨울을 지내요.

땅에 붙어 지내기

냉이나 민들레 같은 식물은 바람이 많이 안 부는 땅에 가까이 붙어서 겨울을 지내요.

푸른 잎 그대로 지내기

소나무나 향나무같이 일 년 내내 푸른 식물은 잎이 붙은 그대로 겨울을 지내요.

겨울눈의 모양 //////////////////////////////////

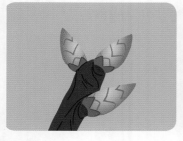 

뾰족하게 생긴 것도 있고, 둥글게 생긴 것도 있어요.

◉ 식물의 겨울나기에 모두 ○표를 하세요.

겨울잠	겨울눈	번데기
털갈이	씨	알뿌리

◉ 다음 설명에 알맞은 말을 쓰세요.

- 나무가 겨울을 견디기 위해 나무 끝에 만든 것이다.
- 속에는 꽃이나 잎이 될 것이 들어 있다.

☐ ☐ ☐

◉ 알맞은 것에 ○표를 하세요.

민들레는 알뿌리로 겨울을 지낸다. ☐

소나무는 푸른 잎 그대로 겨울을 지낸다. ☐

사막에 사는 동물

사막은 대부분의 땅이 모래로 덮여 있어요. 날씨는 낮과 밤이 달라요. 낮에는 매우 덥고 밤에는 갑자기 추워지기도 해요. 비가 거의 오지 않아서 물도 부족해요. 그래서 동물들이 살기가 힘든 곳이에요. 하지만 이런 사막에도 동물들이 살고 있어요. 사막여우, 도마뱀, 낙타 등이 사막에 살아요. 이런 동물들은 살기 어려운 사막에서 어떻게 견디는지 살펴보아요.

낙타
긴 속눈썹이 모래바람을 막아 주어요. 등에 난 혹에 영양분을 저장하고 있어서 먹지 않아도 오랫동안 힘을 낼 수 있어요.

도마뱀
뜨거운 모래 위에서 발을 번갈아 사용해요.

사막여우
큰 귀가 있어서 더울 때 몸의 온도를 조절할 수 있어요. 또 귀 안의 털은 모래바람을 막아 주어요.

이해 ▶ 날씨가 매우 덥고 땅의 대부분이 모래로 덮여 있는 곳은 □□이에요.

사막에 사는 동물들이 살아남는 방법

사막딱정벌레

새벽에는 사막의 기온이 낮아져요. 온도 차가 생겨 등껍질에 물방울이 생기게 되는데 그 물을 입으로 굴려 먹어요.

사막거북

사막거북은 낮에는 땅굴에 들어가서 더위를 피해요. 삽처럼 생긴 앞다리가 있어서 땅굴을 만들 수 있어요.

전갈

전갈은 몸이 딱딱한 껍질로 되어 있어요. 그래서 몸 안의 물이 빠져 나가지 못하게 해요.

미어캣

눈 주변의 검은색 털은 사막의 뜨거운 햇빛에도 눈이 부시지 않게 해 주어요.

◉ 사막에 대한 설명에 모두 ○표를 하세요.

물이 부족하다.	
하루 종일 매우 덥다.	
땅의 대부분이 모래로 덮여 있다.	

◉ 다음 설명에 알맞은 말을 쓰세요.

- 긴 속눈썹이 모래바람을 막아 준다.
- 등에 난 혹에 영양분을 저장하고 있는 동물이다.

| | |

◉ 알맞게 선으로 이으세요.

| 도마뱀 | • | • | 눈 주변이 검은색이어서 눈부심을 막을 수 있다. |
| 미어캣 | • | • | 뜨거운 모래 위에서 발을 번갈아 사용한다. |

2회 ①

우리나라의 전통 집

생일에 입체 퍼즐 세트를 선물 받았어요. 하나는 기와집 만들기이고, 다른 하나는 초가집 만들기예요. 기와집과 초가집은 둘 다 우리나라의 전통 집으로, 한옥이라고 부르기도 해요. 가족과 함께 민속촌에 가서 본 적이 있는데 특히 지붕이 달랐던 게 생각이 나네요.

기와집과 초가집은 무엇이 비슷하고 무엇이 다른지 알아보아야겠어요.

기와집
기와로 지붕을 만든 집이에요. 부자와 양반들이 살았어요.

초가집
갈대나 볏짚 등으로 지붕을 만든 집이에요. 주로 서민들이 살았어요.

이해▶ 기와집과 초가집 둘 다 우리나라의 □□ □인데 지붕 모양이 달라요.

기와집과 초가집의 비슷한 점

마루

마루는 바람이 드나들어 시원하도록 만들었어요. 방으로 가려면 마루를 지나가야 해요.

▲ 기와집의 마루

▲ 초가집의 마루

온돌

아궁이에서 불을 때면 방바닥 아래에 있는 빈 곳이 뜨거워지면서 구들장을 덥혀 방을 따뜻하게 하는 우리 고유의 난방 장치예요.

구들장: 방바닥 아래 깔아 놓은 넙적한 돌.

구들장

아궁이

아궁이: 방이나 솥 등에 불을 때기 위하여 만든 구멍.

친환경 재료

기와, 벽, 기둥 등에 쓰인 재료들은 자연에서 얻은 짚과 흙, 나무와 돌이에요. 이것들은 다 쓰인 뒤에 다시 자연으로 돌아갈 수 있어요.

◉ 알맞게 선으로 이으세요.

기와집 •

• 부자와 양반들이 살던 집으로, 기와로 지붕을 만들었다.

초가집 •

• 주로 서민들이 살던 집으로, 갈대나 볏짚 등으로 지붕을 만들었다.

◉ 다음 설명에 알맞은 말을 쓰세요.

- 방을 따뜻하게 하는 우리 고유의 난방 장치이다.
- 아궁이에 불을 때면 구들장을 덥혀 방을 따뜻하게 한다.

☐ ☐

◉ 알맞은 것에 ◯표를 하세요.

마루는 기와집에서만 볼 수 있다.

☐

기와, 벽, 기둥 등에 쓰이는 짚과 흙, 나무와 돌은 친환경 재료이다.

☐

2회 ②

세계 여러 나라의 전통 집

우리나라에 기와집이나 초가집 같은 전통 집이 있는 것처럼 세계의 여러 나라마다 각각의 전통 집이 있어요. 흔히 에스키모의 집이라고 말하는 이글루는 눈과 얼음으로 만들어요. 타이나 베트남 같은 더운 나라에서는 무더위나 해충을 피하기 위해 물 위에 지은 수상 가옥을 만들지요.

이처럼 각 나라의 전통 집은 그 나라의 자연 환경과 관계가 있어요. 세계 여러 나라의 전통 집을 같이 찾아보아요.

이글루
눈과 얼음으로 만든 집이에요.

수상 가옥
해안이나 강변에 말뚝을 박고 그 위에 지은 집이에요.

이해 ▶ □□□□을 보면 그 나라의 특성을 알 수 있어요.

세계의 전통 집 더 알아보기

이즈바

통나무나 각이 진 나무를 쌓아 올려 만든 러시아의 전통 집이에요.

야오동

평평한 땅에 사각형 구멍을 판 지하에 있는 마당을 중심으로 동서남북에 사람이 살 수 있는 굴을 만든 중국의 전통 집이에요.

휘테

눈이 많이 쌓이는 겨울을 대비해 바닥을 높게 만들고 많은 눈과 거센 바람을 견디기 위해 지붕에 돌을 얹어 만든 스위스의 전통 집이에요.

게르

나무로 뼈대를 만들고 그 위에 짐승의 털로 만든 천을 덮어 만든 몽골의 전통 집이에요.

◉ 수상 가옥에 대한 설명에 ○표를 하세요.

타이나 베트남 같은 더운 나라에서 볼 수 있다.	
러시아와 같은 추운 나라에서 볼 수 있다.	

◉ 다음 전통 집의 이름은 무엇인지 쓰세요.

◉ 알맞게 선으로 이으세요.

게르	·	·	몽골의 전통 집
이즈바	·	·	러시아의 전통 집

3회 ①

길이를 재요

필통에 들어 있는 연필, 지우개, 볼펜의 키를 재 보면 조금씩 다르죠? 정확하게 알기 위해서는 자로 한끝에서 다른 한끝까지의 거리를 재어야 하는데 이것을 길이라고 해요. 길이를 숫자로 나타낼 때는 단위를 같이 사용해요. 길이의 단위에는 mm(밀리미터), cm(센티미터), m(미터), km(킬로미터)가 있어요. 길이는 자로 재는데, 자의 작은 눈금 한 칸은 1 mm이고, 큰 눈금 한 칸은 1 cm예요.

길이
한끝에서 다른 한끝까지의 거리.

내 키는 1 m 30 cm야.

이해 ▶ □□를 정확하게 재려면 자가 필요해요.

길이 사이의 관계

1 cm는 10 mm

자의 큰 눈금 하나를 1 cm라고 쓰고, 1센티미터라고 읽어요. 그리고 1 cm를 10칸으로 똑같이 나눈 작은 눈금 하나는 1 mm라고 쓰고 1밀리미터라고 읽어요.

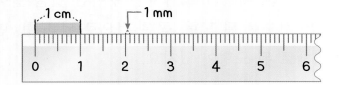

1 m는 100 cm

키를 잴 때 m와 같은 더 큰 단위가 필요해요. 1 m는 1미터라고 읽어요. 1 m는 100 cm와 같은 길이예요.

1 km는 1000 m

1 m보다 훨씬 먼 거리를 나타낼 때도 있어요. 1 km는 1킬로미터라고 읽어요. 1 km는 1000 m와 같은 길이예요.

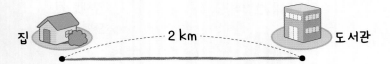

내 코가 석 자?

우리 속담에 '내 코가 석 자'란 말이 있어요. 이 말에 쓰인 '자'는 학용품인 '자'를 가리키는 것이 아니라 길이의 단위인 '자'를 말해요. '자'는 옛날에 사용하던 길이의 단위인데, 한 자는 약 30.3 cm이므로 석 자는 90 cm가 넘는 길이를 말하지요. 그래서 '내 코가 석 자'란 말은 내 콧물 길이가 90 cm가 넘는다는 거예요. 즉, 내가 어려운 처지에 놓여서 다른 사람을 돌볼 겨를이 없다는 뜻인 거예요.

◉ 알맞은 말에 ○표를 하세요.

한끝에서 다른 한끝까지의 거리를 (단위 , 길이) 라고 한다.

◉ 알맞은 것에 ○표를 하세요.

1 mm는 1미터라고 읽는다.	
1 cm는 1센티미터라고 읽는다.	

◉ 알맞게 선으로 이으세요.

1 cm	·	·	10 mm
1 m	·	·	100 cm
1 km	·	·	1000 m

여러 가지 모양 도형

교실에 있는 물건들의 모양을 살펴본 적 있나요? 시계는 동그란 원, 칠판은 사각형, 삼각형 모양의 자 등 여러 가지가 있어요.

이러한 모양들의 공통점은 도형이라는 것이에요. 도형은 점과 선, 면, 입체 또는 이들이 모여서 이루어진 것을 말해요. 도형에는 굽은 선으로 된 도형, 곧은 선으로 된 도형, 면으로 된 도형, 입체로 된 도형이 있지요.

이해 ▶ 축구공의 겉은 오각형과 육각형인 □□으로 되어 있어요.

원

굽은 선으로 이어져 있고, 변과 꼭짓점이 없는 도형이에요.

변과 꼭짓점

도형에서 곧은 선을 변이라고 하고, 두 변이 만나는 점을 꼭짓점이라고 해요. 도형의 이름은 변과 꼭짓점의 수에 따라 달라져요.

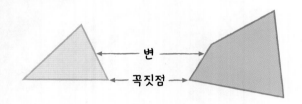

삼각형, 사각형, 오각형, 육각형

도형	삼각형	사각형	오각형	육각형	……
변의 수(개)	3	4	5	6	……
꼭짓점의 수(개)	3	4	5	6	……

삼각형, 사각형, 오각형, 육각형의 첫 글자 '삼', '사', '오', '육'은 각각 변의 수와 꼭짓점의 수를 말하는 거예요.

삼각형 사각형 오각형 육각형

이런 것도 도형이래요

선으로만 된 것, 점과 선으로 된 것이 모두 도형이래요. 그래서 길이는 있고 넓이는 없는 도형도 있어요.

◉ 알맞은 말에 ○표를 하세요.

> 점과 선, 면, 입체 또는 이들이 모여서 이루어진 것을 (도형 , 그림)이라고 한다.

◉ 알맞은 것에 ○표를 하세요.

> 도형에서 곧은 선을 면이라고 한다.

> 도형에서 두 변이 만나는 점을 꼭짓점이라고 한다.

◉ 알맞게 선으로 이으세요.

| 원 | • | | • | 굽은 선으로 이어져 있고, 변과 꼭짓점이 없다. |

| 삼각형 | • | | • | 곧은 선으로 되어 있고, 변과 꼭짓점의 수가 각각 3개이다. |

4회 ①

전기를 널리 알린 사람들

가족이 모여 저녁 식사를 하는데 갑자기 전기가 나가서 깜깜해졌어요. 아빠께서 휴대 전화의 불빛을 비추셔서 엄마가 양초를 찾을 수 있었어요. 식탁에 둘러앉아 다시 밥을 먹으며 아빠께서 발명가 에디슨 이야기를 해 주셨어요. 오빠는 선생님께 들었다면서 발명가 테슬라에 대한 이야기를 이어갔어요. 오늘은 전기에 대해 알아보고 그 소중함을 느끼게 된 날이에요.

테슬라
전기를 연구한 발명가예요.

에디슨
발명왕이라고 불리는 발명가예요.

에디슨이 전구를 연구하지 않았다면 오늘날 우리가 아직도 양초를 사용했을 거야.

이해 ▶ 에디슨, 테슬라와 같은 사람들 덕분에 □□를 편리하게 쓸 수 있게 되었어요.

에디슨과 테슬라

에디슨
미국의 발명가예요.
1,000가지가 넘는
여러 가지를 발명하여
발명왕이라고 불려요.
전기를 연구하여 탄소
필라멘트를 사용한 백
열전구를 발명했어요.

테슬라
미국의 발명가예요. 전기를 연구하여 오늘날까지
공장이나 선풍기, 세탁기 등에 쓰이는 기계를 개발했
어요.

에디슨의 발명품

축음기
소리를 녹음해서 다시
들을 수 있는 기계예요.
축음기의 발명으로 언제
어디서든 음악을 들을 수
있게 되었어요.

영사기
영화 필름을 벽이나 천 등에
비추어 볼 수 있는 기계예요.
오늘날 우리가 영화관에서 영
화를 볼 수 있는 것은 영사기
의 발명 덕분이에요.

◉ 알맞은 말에 ○표를 하세요.

에디슨과 테슬라는 둘 다 미국의 발명가로
(전기 , 천체)를 연구한 사람들이다.

◉ 다음 설명에 알맞은 말을 쓰세요.

• 에디슨이 발명한 물건이다.
• 이것 덕분에 오늘날 우리가 영화관에서 영화
를 볼 수 있게 되었다.

☐ ☐ ☐

◉ 알맞은 것에 ○표를 하세요.

에디슨과 테슬라는 둘 다 전기를
연구한 사람이다. ☐

에디슨은 전구를 발명했고, 테슬라
는 축음기를 발명했다. ☐

4회 ②

안전한 우리 집 만들기

옆집에 사는 동생이 집에서 다쳤다고 해요. 욕실 바닥에 물이 있어 미끄러웠는데 미처 보지 못해서 넘어졌대요. 문득 얼마 전에 텔레비전에서 보았던 뉴스가 생각났어요. 집에서 생활할 때 조심하지 않아서 일어나는 사고가 늘고 있으니 주의해야 한다는 내용이었어요.

우리 집을 안전한 곳으로 만들기 위해 어떻게 해야 할지 차근차근 알아보기로 해요.

베란다
보호대를 만들어 두어야 해요.

욕실
욕실 바닥에 있는 물을 잘 닦고, 미끄럼 방지 장치를 해 두어야 해요.

이해 ▶ 우리 집을 □□한 곳으로 만들기 위해 어떻게 해야 하는지 잘 알아두면 좋아요.

안전한 우리 집 만들기

방

• 방문을 닫을 때 손이 끼면 다칠 수 있으므로 방문에 손끼임 방지 장치를 붙여 놓으면 좋아요.

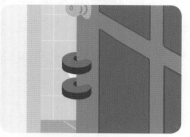
▲ 손 끼임 방지 장치 붙이기

• 날카로운 모서리에는 안전캡을 씌워야 해요.

거실

• 높은 곳에는 떨어지면 깨지기 쉬운 물건을 놓지 않아야 해요.
• 선풍기 날개에 손이 다치지 않도록 보호망을 씌워야 해요.
• 콘센트에는 보호 덮개를 씌우거나 콘센트 마개를 꽂아야 해요.

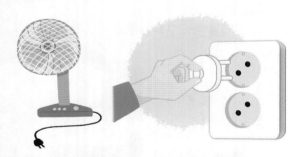
▲ 선풍기 보호망 씌우기　　▲ 콘센트 마개 꽂기

창문이나 베란다

• 창문이나 베란다에는 보호대를 만들어 두는 것이 안전해요.
• 창문에는 잠금 장치를 하여 아이가 혼자 열 수 없도록 해야 해요.

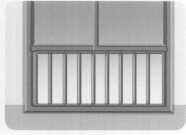
▲ 창문에 보호대 만들기

• 밟고 올라설 수 있는 물건들을 창문이나 베란다에 가까이 두지 않아야 해요.

◉ 다음 설명에 알맞은 말을 쓰세요.

• 바닥에 물이 많아서 잘 닦아야 하는 곳이다.
• 미끄럼 방지 장치를 해야 한다.

☐ ☐

◉ 알맞은 말에 ○표를 하세요.

거실에서 사용하는 선풍기에는 (안전캡 , 보호망)을 씌워야 안전하다.

◉ 알맞은 것에 ○표를 하세요.

창문이나 베란다에는 보호대를 만들어 둔다.

깨지기 쉬운 물건은 거실의 높은 곳에 놓는다.
☐

5회 ①

친구에게
편지를 써요

현수가 지원이에게 빌린 장난감 비행기를 망가뜨렸어요. 그런데 지원이는 화를 내지 않고 괜찮다고 했어요. 현수는 지원이에게 고마운 마음을 전하고 싶어서 편지를 썼어요.

이렇게 편지는 다른 사람에게 마음이나 소식을 전하고 싶을 때 쓰는 글이에요.

편지를 쓸 때는 받을 사람, 첫인사, 전하고 싶은 말, 끝인사, 쓴 날짜, 쓴 사람이 잘 드러나게 써야 해요.

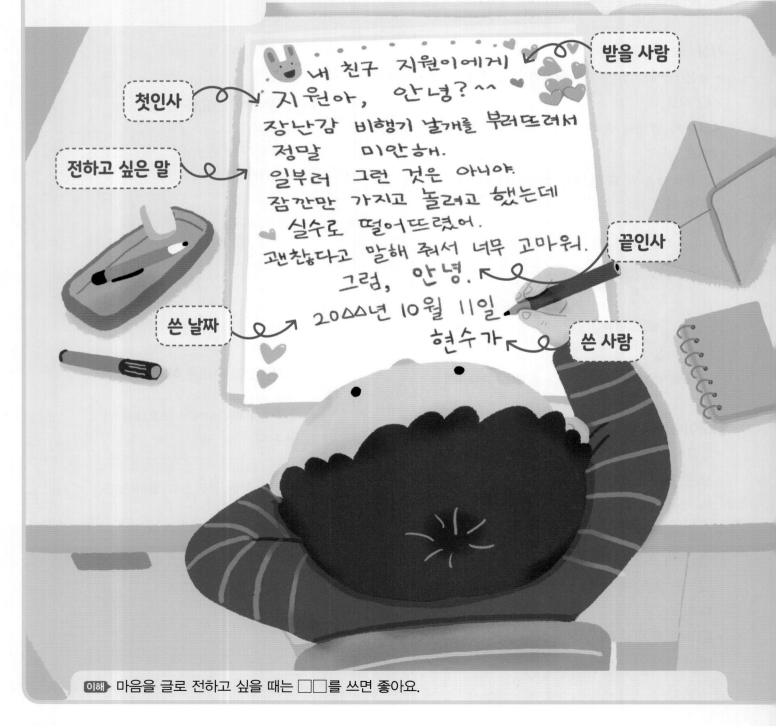

받을 사람

첫인사

전하고 싶은 말

끝인사

쓴 날짜

쓴 사람

내 친구 지원이에게
지원아, 안녕? ^^
장난감 비행기 날개를 부러뜨려서
정말 미안해.
일부러 그런 것은 아니야.
잠깐만 가지고 놀려고 했는데
실수로 떨어뜨렸어.
괜찮다고 말해 줘서 너무 고마워.
그럼, 안녕.
20△△년 10월 11일
현수가

이해 ▶ 마음을 글로 전하고 싶을 때는 □□를 쓰면 좋아요.

편지를 쓰는 방법

> '받을 사람'과 '첫인사'를 써요.

　'받을 사람'은 편지를 읽을 사람을 말해요. 읽을 사람의 이름을 쓰면 돼요. '첫인사'는 누군가를 만났을 때 하는 인사처럼 받을 사람에게 할 인사말을 쓰는 거예요.

> '전하고 싶은 말'을 써요.

　'전하고 싶은 말'이란 편지를 받을 사람에게 하고 싶은 말이에요. 이때 편지를 쓴 까닭이나 하고 싶은 말이 분명하게 드러나게 써야 해요.

> '끝인사'와 '쓴 날짜', '쓴 사람'을 써요.

　'끝인사'는 누군가와 헤어질 때 하는 인사처럼 받을 사람에게 할 인사말을 마지막으로 쓰는 거예요. '쓴 날짜'는 편지를 쓴 날짜예요. 그리고 '쓴 사람'은 편지를 쓴 사람을 말해요. 편지를 쓴 사람의 이름을 쓰면 돼요.

편지를 쓸 때 주의할 점

예의 바르게 써야 해요.
　다른 사람에게 하고 싶은 말을 글로 써서 전하는 것이기 때문에 직접 보고 말을 할 때처럼 예의 바르게 글을 써야 해요.

편지를 쓴 까닭이 잘 나타나야 해요.
　왜 편지를 썼는지가 분명하게 나타나야 편지를 읽는 사람이 내용을 이해하기가 쉬워요.

◉ 편지에 대한 설명에 ○표를 하세요.

> 다른 사람에게 마음이나 소식을 전하기 위해 쓴 글이다.

> 하루 동안 있었던 일 중에서 가장 기억에 남는 일을 글로 쓴 것이다.

◉ 편지를 쓸 때 꼭 들어가야 할 내용에 모두 ○표를 하세요.

> 받을 사람　　　쓴 장소
>
> 첫인사　　　전해 주는 사람

◉ 알맞은 말에 ○표를 하세요.

> 편지를 쓸 때는 받을 사람에게 하고 싶은 말이나 편지를 쓴 (까닭 , 날씨)이/가 분명하게 나타나게 써야 한다.

5회 ②
3주차

어린이를 위한 글, 동화

《해와 달이 된 오누이》, 《금도끼 은도끼》, 《강아지 똥》……. 이런 이야기책을 읽어 본 적이 있나요? 글쓴이가 어린이의 마음을 바탕으로 하여 있을 수 있는 일을 상상하여 꾸며 쓴 이야기를 동화라고 해요.

동화 속에 나오는 주인공에게 일어나는 일을 읽다 보면 이야기의 때와 곳도 알 수 있지요. 동화를 읽으면 재미와 감동을 느낄 수도 있어요.

집으로 오는 길이었어요.

"멍멍."

유민이가 뒤돌아보니 강아지 한 마리가 꼬리를 흔들고 있었어요.

"주인이 없나 봐."

유민이는 강아지를 걱정스럽게 보다가 집에 들어갔어요.

"멍멍."

한참 뒤 또 강아지 소리가 들렸어요. 밖을 내다보니 노을이 지고 있었어요. 강아지는 대문 앞에 앉아 있었어요. 대문을 살짝 열어 보니 강아지가 쪼르르 들어왔어요. 유민이네 집으로 들어온 강아지는 자기 집인 것처럼 마당 한쪽으로 가더니 편안하게 앉지 뭐예요.

"할 수 없네. 주인이 나타날 때까지 마당에서 키워야겠다."

엄마의 말씀을 듣고 유민이는 강아지 이름을 '마당이'라고 지었어요.

"마당아!"

유민이가 이름을 부르면 마당이는 쏜살같이 뛰어와서 꼬리를 흔들어요.

> **주인공**
> 유민이와 강아지예요.

> **때와 곳**
> 때는 오후이고, 곳은 집으로 오는 길과 유민이네 집이에요.

> **일어나는 일**
> 유민이와 강아지가 겪는 일이에요.

이해 ▶ 어린이를 위해 꾸며 쓴 이야기인 □□를 읽고 재미와 감동을 느껴 보세요.

동화를 이루는 것들

> ### 주인공

주인공은 사람일 수도, 동물이나 물건일 수도 있어요.

> ### 때와 곳

때와 곳이 있어야 주인공이 하는 일이 실제 이야기처럼 느껴져요. 때는 일이 일어난 시간이고, 곳은 일이 일어난 장소를 말해요.

> ### 일어나는 일

이야기 속에서 주인공이 겪는 여러 가지 일을 말해요. 주인공이 겪는 일에 따라 동화의 내용이 달라져요.

동화의 특징

어린이를 위한 이야기예요.
동화는 어린이를 위한 이야기이기 때문에 어린이의 마음을 바탕으로 썼어요.

실제로 일어날 수도 있는 이야기예요.
동화는 실제로 일어날 수도 있는 일을 이야기로 써서 읽다 보면 실제 있었던 일처럼 느껴져요.

글쓴이가 상상하여 꾸며 쓴 이야기예요.
동화는 어린이를 위해 글쓴이가 상상하여 꾸며 쓴 이야기여서 재미있어요.

◉ 동화를 이루는 것에 모두 ○표를 하세요.

주인공	쓴 날짜
때와 곳	일어나는 일

◉ 다음 설명에 알맞은 말을 쓰세요.

> • 어린이를 위한 이야기이다.
> • 실제로 일어날 수도 있는 이야기이다.
> • 재미와 감동을 느낄 수 있는 이야기이다.

◉ 동화에 대한 설명에 ○표를 하세요.

> 글쓴이가 상상하여 꾸며 쓴 이야기이다.

> 다른 사람에게 마음이나 소식을 전하기 위해 쓴 글이다.

1 겨울눈에 대한 설명으로 알맞지 <u>않은</u> 것은 무엇인가요? (   ) 》 ········· 과학

① 식물의 겨울나기의 한 방법이다.
② 싹이 터서 식물로 자랄 수 있는 것이다.
③ 겨울눈 속에는 꽃이나 잎이 될 것이 들어 있다.
④ 뾰족하게 생긴 것도 있고, 둥글게 생긴 것도 있다.
⑤ 나무가 겨울을 견디기 위해 나무 끝에 만든 것이다.

2 식물의 겨울나기에 대한 설명으로 알맞은 것에 ○표를 하세요. 》 ········· 과학

(1) 소나무같이 일 년 내내 푸른 식물은 잎이 붙은 그대로 겨울을 지낸다.   (   )
(2) 튤립 같은 식물은 바람이 많이 안 부는 땅에 가까이 붙어서 겨울을 지낸다.   (   )
(3) 민들레 같은 식물은 꽃이나 잎, 줄기는 죽지만 뿌리는 살아서 겨울을 지낸다. (   )

3 사막에 대해 알맞게 말하지 <u>않은</u> 친구의 이름을 쓰세요. 》 ········· 과학

> 준현: 사막은 물이 부족한 곳이야.
> 수영: 사막은 하루 종일 매우 덥지.
> 민정: 사막은 대부분의 땅이 모래로 덮여 있는 곳이야.

(   )

4 알맞게 선으로 이으세요. 》 ········· 과학

| 미어캣 | · | · | 큰 귀가 있어서 더울 때 몸의 온도를 조절할 수 있다. |

| 사막여우 | · | · | 눈 주변에 검은색 털이 있어서 사막의 뜨거운 햇빛에도 눈이 부시지 않다. |

▶ 정답과 해설 **45**쪽

5 기와집과 초가집의 특징을 골라 각각 기호를 쓰세요. 》 ······ 사회

> ㉮ 부자와 양반들이 살았으며 기와로 지붕을 만들었다.
> ㉯ 주로 서민들이 살았으며 갈대나 볏짚 등으로 지붕을 만들었다.

(1) 기와집: (   )   (2) 초가집: (   )

6 기와집과 초가집에 대한 설명으로 알맞지 <u>않은</u> 것에 ○표를 하세요. 》 ······ 사회

(1) 기와집에는 온돌이 있고, 초가집에는 온돌이 없다.   (   )

(2) 기와집과 초가집은 자연에서 얻은 재료들로 집을 지었다.   (   )

(3) 기와집과 초가집 둘 다 바람이 드나들어 시원하도록 마루를 만들었다.   (   )

7 세계 여러 나라의 전통 집에 대한 설명으로 알맞은 것에 모두 ○표를 하세요. 》 ······ 사회

(1) 에스키모 인들의 전통 집은 눈과 얼음으로 만든 이글루이다.   (   )

(2) 타이나 베트남 같은 나라의 전통 집은 무더위나 해충을 피하기 위해 굴을 파서 만든 야
오동이다.   (   )

(3) 스위스 같은 나라의 전통 집은 많은 눈과 거센 바람을 견디기 위해 지붕에 돌을 얹어 만
든 휘테이다.   (   )

8 다음 전통 집의 이름을 쓰세요. 》 ······ 사회

(   )

9 길이와 그 단위에 대해 알맞지 <u>않게</u> 말한 친구의 이름을 쓰세요. » ----------------------- 수학

> 동민: 한끝에서 다른 한끝까지의 거리를 길이라고 해.
>
> 형석: 길이를 숫자로 나타낼 때는 단위를 같이 사용해야 해.
>
> 연정: 1 cm는 1밀리미터라고 읽고, 자의 작은 눈금 하나인 거야.

(   )

10 길이를 나타내는 단위가 <u>아닌</u> 것은 무엇인가요? (   ) » ----------- 수학

① mm   ② cm   ③ m   ④ km   ⑤ g

11 도형에 대한 설명으로 알맞은 것에 모두 ○표를 하세요. » ----------------------- 수학

(1) 원은 굽은 선으로만 이루어져 있다.   (   )

(2) 도형에서 곧은 선을 면이라고 한다.   (   )

(3) 도형에서 두 변이 만나는 점을 꼭짓점이라고 한다.   (   )

12 다음 설명에 알맞은 말을 쓰세요. » ----------------------------------- 사회

> • 미국의 발명가로, 발명왕이라고 불린다.
>
> • 전기를 연구하여 탄소 필라멘트를 사용한 백열전구를 발명하였다.

(   )

▶ 정답과 해설 **46**쪽

13 안전한 우리 집을 만드는 방법으로 알맞지 <u>않은</u> 것은 무엇인가요? (   ) ≫--------------- 안전

① 욕실 바닥은 젖어 있지 않게 한다.

② 창문이나 베란다에는 보호대를 만들어 둔다.

③ 방의 방문에는 손끼임 방지 장치를 붙여 놓는다.

④ 거실에 있는 콘센트에는 보호망을 씌워야 한다.

⑤ 높은 곳에는 깨지기 쉬운 물건을 놓지 않아야 한다.

14 다음 빈칸에 들어갈 알맞은 말을 쓰세요. ≫------------------------- 국어

> 편지를 쓸 때는 받을 사람, 첫인사, ☐☐☐☐☐☐, 끝인사, 쓴 날짜, 쓴 사람이 잘 드러나게 써야 한다.

(   )

15 동화에 대한 설명으로 알맞은 것에 모두 ○표를 하세요. ≫------------- 국어

(1) 어린이를 위한 이야기이다.   (   )

(2) 글쓴이가 직접 겪은 일이다.   (   )

(3) 실제로 일어날 수도 있는 이야기이다.   (   )

과학 식물의 겨울나기

ㄱ ㅇ ㄴ

ㅆ

과학 사막에 사는 동물

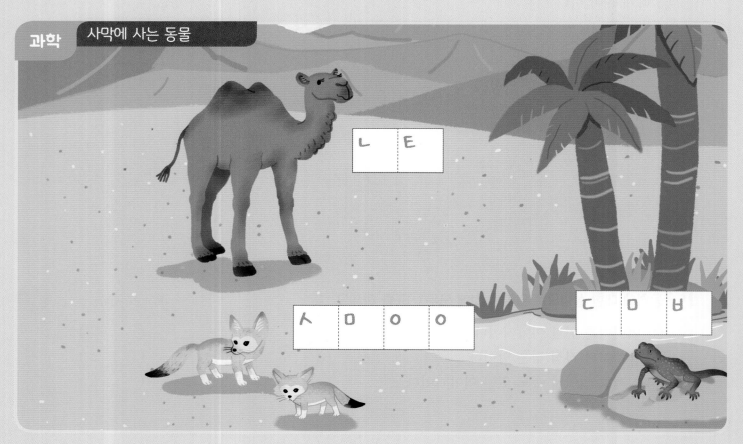

ㄴ ㅌ

ㅅ ㅁ ㅇ ㅇ

ㄷ ㅁ ㅂ

사회 우리나라의 전통 집

ㅊ	ㄱ	ㅈ

ㄱ	ㅇ	ㅈ

사회 세계 여러 나라의 전통 집

ㅇ	ㄱ	ㄹ

ㅅ	ㅅ	ㄱ	ㅇ

수학 여러 가지 모양 도형

ㅅ ㄱ ㅎ

ㅇ

안전 안전한 우리 집 만들기

베란다에는 ㅂ ㅎ ㄷ 를 만들어요.

욕실 바닥에는 ㅁ ㄲ ㄹ 방지 장치를 해요.

국어 친구에게 편지를 써요

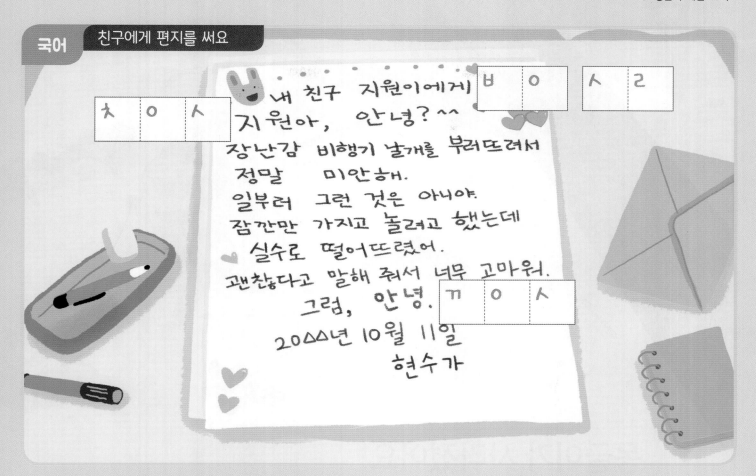

국어 어린이를 위한 글, 동화

은 유민이와 강아지예요.

은 유민이와 강아지가 겪는 일이에요.

몽글이가 사라졌어요!

평화로운 날들이 이어졌어요.

몽글이는 승주네 가족들에게 없어서는 안 될 진정한 가족이 되었어요. 집에만 오면 인상을 쓰던 경주도 몽글이를 볼 때는 늘 웃는 표정이었고, 승주는 집에만 오면 심심하다며 게임을 했었는데 이제 그런 시간이 줄었어요. 엄마와 아빠도 몽글이의 귀여운 애교에 피로가 눈 녹듯 풀리는 것 같다며 좋아하셨지요. 몽글이도 가족들의 사랑을 담뿍 받으며 건강하게 쑥쑥 자랐어요. 승주네 가족은 어느새 몽글이와 함께 살아가는 데에 많이 익숙해졌어요.

토요일 아침, 일어나 밖을 내다보니 함박눈이 뽀얗게 쌓여 있었어요. 눈을 본 적이 없는 몽글이에게 눈 구경을 시켜 주고 싶어서 승주는 마음이 바빴어요. 아침밥을 먹은 뒤에 민재와 망고를 만나서 함께 눈 구경을 하기로 약속했거든요.

"승주야, 천천히 먹어. 왜 그렇게 밥을 빨리 먹어?"

"민재랑 같이 몽글이 데리고 눈 구경하기로 했어요. 빨리 밥 먹고 몽글이 산책 준비도 해야 하고……. 바빠요, 바빠."

승주는 몽글이 외출용 가방에 간식과 장난감을 챙기느라 바빴어요. 자신의 가방을 챙기는 모습을 본 몽글이는 나간다는 것을 알게 된 듯 꼬리를 프로펠러처럼 흔들며 승주에게 다가왔어요. 승주는 몽글이가 추울까 봐 옷을 입히고 털모자를 씌우면서 바쁘게 움직였어요.

"어디 가? 눈 오는데 몽글이 데리고 나가면 어떡해?"

경주가 눈이 쌓인 밖을 힐끗 보며 승주를 나무랐어요. 승주는 들은 체도 않고 몽글이를 안고 밖으로 나갔어요. 아파트 현관에서 친구 민재와 망고를 만난 몽글이는 얼른 내려 달라고 낑낑거렸어요. 얼른 나가자고 재촉하는 망고와 몽글이를 어르고 달래며 승주와 민재는 현관 밖으로 나갔어요.

"우아!"

밖은 어느새 하얀 눈 나라로 변해 있었어요. 그동안 내리던 눈이 그치고 조금 고개를 내민 햇살에 눈이 보석처럼 반짝였어요.

신이 난 망고는 발자국을 찍으며 눈길을 내달렸고 민재는 망고에게 끌려가다시피 쫓아 달렸어요.

"에고, 미끄러워. 공원 쪽으로 갈 테니까 너도 그리 와."

민재는 그 말을 남기고 공원 쪽으로 내달렸어요. 승주 품에 안긴 몽글이는 망고처럼 내달리고 싶은지 꼼지락거리며 낑낑거렸어요.

"좀만 기다려, 몽글아. 우리도 망고 누나 따라서 공원에 갈까?"

눈 내린 이른 아침이어서인지 공원에는 사람들이 많지 않았어요.

신나게 내달리던 망고와 민재는 숨을 고르고 있었어요. 승주가 몽글이를 조심조심 눈길에 내려 주었어요. 몽글이는 처음엔 차가운 눈길에 움찔하는 듯하

더니 곧 망고를 따라서 공원을 내달렸어요. 미끄러질 듯 미끄러질 듯 아슬아슬하기도 했지만 곧 눈길에 적응해 신나게 달렸지요. 승주는 잽싸게 달리는 몽글이를 쫓느라 숨이 찼어요.

"어휴, 힘들다. 우리 좀 자리에 앉자."

민재가 말했어요. 벌써 오랜 시간 망고와 몽글이 뒤를 쫓던 두 사람은 지칠 대로 지쳤지요. 망고와 몽글이는 그래도 부족했는지 자꾸 달리고 싶다는 듯 목줄을 흔들었지요. 몽글이는 망고가 하는 대로 자꾸 따라했어요.

"저런 배신자! 망고 만나더니 나는 찬밥이잖아?"

승주의 말에 민재가 웃음을 터뜨렸어요.

"오랜만에 누나 만나서 즐겁게 노니 얼마나 좋겠니? 그동안 집에만 있어서 답답했을 텐데."

둘은 공원 의자에 쌓인 눈을 쓸고 앉아서 스마트폰을 보기 시작했지요. 한참 재미있는 동영상을 보다가, 뭔가 이상한 느낌을 받은 승주가 망고와 몽글이를 쳐다봤어요. 앗, 두 강아지가 모두 어디론가 사라졌지 뭐예요?

"야, 이민재! 망고랑 몽글이가 없어!"

게임을 하던 민재가 놀라서 벌떡 일어났어요. 마구 달리고 싶다는 듯 목줄을 자꾸 흔들더니 손의 힘이 풀린 사이에 달아났나 봐요.

"둘 다 어디 갔지? 좀 전에도 여기 있었잖아."

승주와 민재는 망고와 몽글이를 찾아 공원을 돌아다녔어요. 그쳤던 눈이 다시 부슬부슬 내리기 시작하더니 어느새 함박눈으로 바뀌었어요. 두 사람은 발바닥에 땀이 나도록 뛰어다녔지만 둘의 모습은 어디에도 보이지 않았어요.

"안 되겠다. 얼른 집에 전화하자. 너도 전화해 봐."

두 사람의 전화를 받은 두 가족이 모두 공원으로 왔어요. 함박눈이 쏟아지면서 점점 하늘이 어두워지자 모두 걱정이 되어 뿔뿔이 흩어져서 망고와 몽글이를 찾느라 바빴어요. 몇 시간이고 망고와 몽글이를 찾던 승주와 민재의 모습은 정말 후줄근했어요. 둘은 울상이 되었지요.

"너희, 여기 더 있다가는 감기 들겠다. 너희는 집에 좀 가 있어. 옷도 갈아 입고 따뜻한 곳에 가야겠어."

민재 아빠가 강한 목소리로 말씀하셨어요. 두 사람은 망고와 몽글이를 찾기 전에는 들어가고 싶지 않아서 고개를 저었어요. 그러나 어른들의 거듭된 말씀에 둘은 힘없이 터벅터벅 집으로 걸어갔어요.

이어지는 내용은 140쪽에 >>>

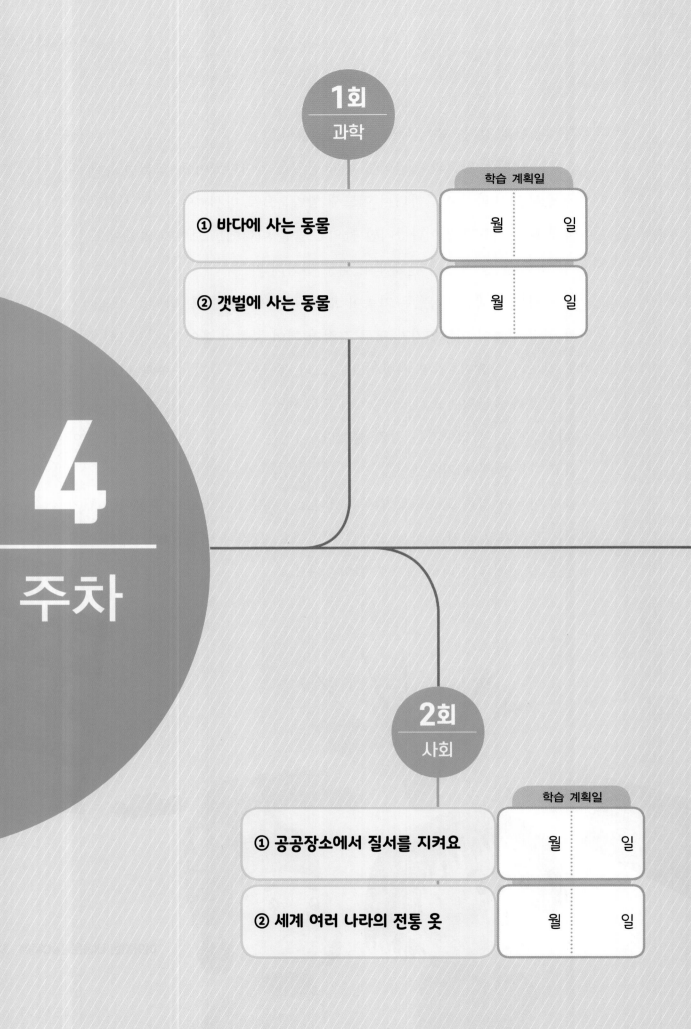

1회
과학

학습 계획일

① 바다에 사는 동물 | 월 일

② 갯벌에 사는 동물 | 월 일

4
주차

2회
사회

학습 계획일

① 공공장소에서 질서를 지켜요 | 월 일

② 세계 여러 나라의 전통 옷 | 월 일

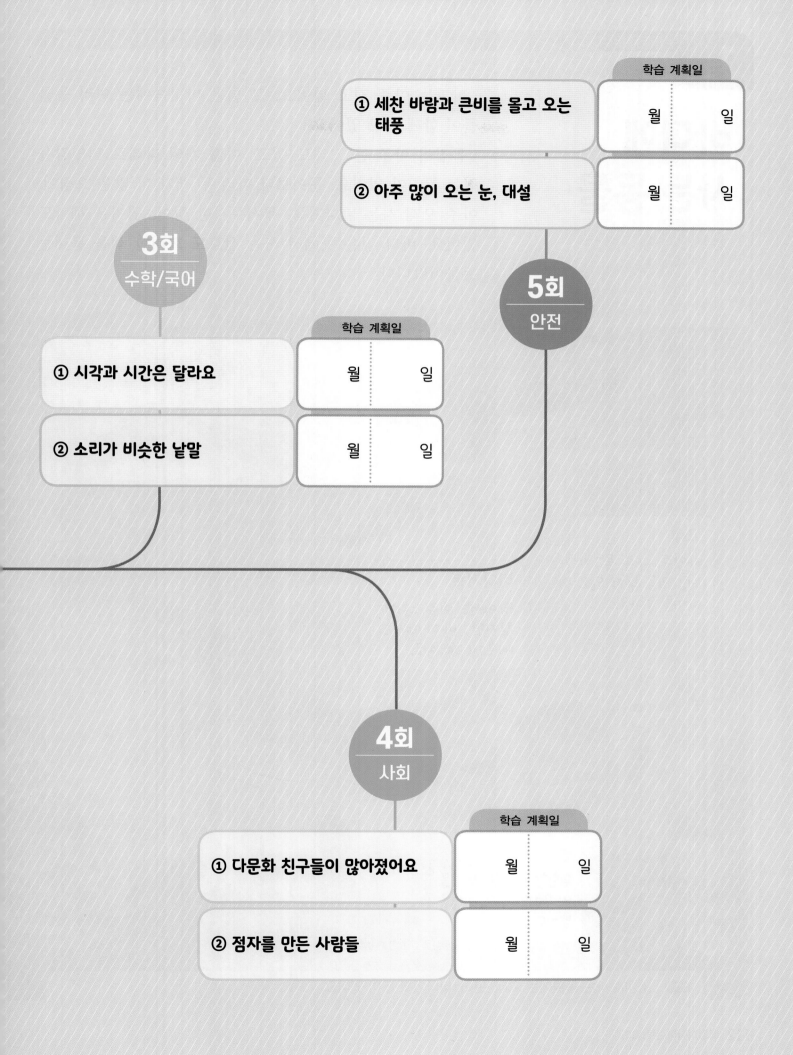

① 세찬 바람과 큰비를 몰고 오는 태풍

학습 계획일

월 　 일

② 아주 많이 오는 눈, 대설

월 　 일

3회
수학/국어

① 시각과 시간은 달라요

학습 계획일

월 　 일

② 소리가 비슷한 낱말

월 　 일

5회
안전

4회
사회

① 다문화 친구들이 많아졌어요

학습 계획일

월 　 일

② 점자를 만든 사람들

월 　 일

1회 ①

바다에 사는 동물

바다는 아주 깊고 넓어요. 그 넓은 바닷속에는 여러 동물들이 함께 살고 있어요.

몸집이 아주 큰 고래도 있고, 여덟 개의 다리로 먹잇감을 잡는 문어가 있어요. 문어보다 다리 두 개가 더 많은 오징어, 아주 오래 사는 바다거북, 무시무시한 상어, 귀여운 해마도 있어요. 바다 깊은 곳에서 사는 산호도 화려한 색을 뽐내는 동물이랍니다.

고래
바닷속 다른 물고기처럼 알을 낳지 않고 새끼를 낳아요.

바다거북
땅에서는 아주 느리게 걷지만 바다에서는 빠르게 헤엄쳐요.

문어
위험할 때 몸 색깔을 바꾸기도 하고, 먹물을 뿜기도 해요.

이해 ▶ □□에 사는 동물에는 고래, 문어, 바다거북 등이 있어요.

바다에 사는 동물

상어

고래만큼 큰 동물이에요. 뾰족한 이가 많은데 빠지면 새 이가 또 앞으로 나와요.

오징어

몸이 길쭉하고 다리가 10개예요. '촉수'라고 하는 긴 두 개의 다리로 먹잇감을 잡아요.

해마

생김새가 말과 비슷해서 '바다의 말'이라는 뜻의 이름이 붙여졌어요. 주변에 따라 몸 색깔을 바꿀 수 있어요.

산호

색이 화려하고 모양이 다양해요. 또한 자리에서 다른 자리로 옮겨가지 않는 동물이에요.

◉ 알맞은 말에 ○표를 하세요.

> 고래, 문어, 바다거북, 상어, 오징어, 해마, 산호는 모두 (갯벌 , 바다)에 사는 동물이다.

◉ 다음 설명에 알맞은 말을 쓰세요.

> • 몸이 길쭉하고 다리가 10개인 동물이다.
> • '촉수'라고 하는 긴 두 개의 다리로 먹잇감을 잡는다.

◉ 해마에 대한 설명에 ○표를 하세요.

생김새가 말과 비슷하다.	

이가 빠지면 새 이가 앞으로 나온다.	

갯벌에 사는 동물

주원이는 친구들과 갯벌 체험을 갔어요. 갯벌에는 여러 종류의 동물들이 살아요. 갯벌은 바닷물에 잠겼다가 드러나는 땅인데 영양분이 많아서 동물들의 먹잇감도 그만큼 많기 때문이에요.

물이 빠진 갯벌에는 많은 숨구멍이 보여요. 그 구멍 속에는 칠게, 갯지렁이, 조개 등이 살고 있어요. 이 동물들은 땅속에 있다가도 먹이를 먹을 때는 밖으로 나온답니다.

칠게

갯벌에 사는 게의 한 종류예요. 여러 마리가 무리 지어 살고, 갯벌의 구멍 속에 있다가 먹이를 먹을 때 밖으로 나와요.

조개

갯벌에는 바지락, 꼬막, 맛조개 등이 살아요. 물이 빠진 갯벌에서 쉽게 볼 수 있어요.

갯지렁이

갯벌에 사는 지렁이예요.

이해 ▶ 게, 갯지렁이, 조개 등은 □□에 사는 동물이에요.

갯벌에 사는 동물

불가사리

갯벌 동물들을 닥치는 대로 잡아먹어요. 또 몸이 잘려도 죽지 않고 다시 그 부분이 자라나요.

말뚝망둑어

물속에서는 헤엄치지만 갯벌에서는 지느러미를 이용해서 걷거나 뛰기도 해요.

딱총새우

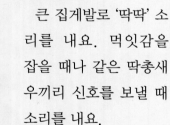

큰 집게발로 '딱딱' 소리를 내요. 먹잇감을 잡을 때나 같은 딱총새우끼리 신호를 보낼 때 소리를 내요.

갯강구

'바다의 청소부'라고 불리는 갯강구는 바닷가의 바위나 자갈에서 볼 수 있어요. 가까이 가면 매우 빠르게 바위나 돌 틈으로 숨어 버려요.

◉ 딱총새우에 대한 설명에 ○표를 하세요.

'바다의 청소부'라고 불린다. ☐

먹잇감을 잡을 때 '딱딱' 소리를 낸다. ☐

◉ 다음 설명에 알맞은 말을 쓰세요.

• 여러 마리가 갯벌에서 무리 지어 산다.
• 갯벌의 구멍 속에 있다가 먹이를 먹을 때 밖으로 나온다.

☐ ☐

◉ 알맞게 선으로 이으세요.

불가사리 •　　　• 지느러미로 걷거나 뛰기도 한다.

말뚝망둑어 •　　　• 몸이 잘려도 그 부분이 다시 자라난다.

2회 ①

공공장소에서 질서를 지켜요

도서관에 왔어요. 도서관이나 전시회장, 체험 학습장, 학습 발표회장 등 사람이 많은 곳이나 여러 사람이 함께 이용하는 곳을 공공장소라고 해요. 이러한 공공장소에서는 질서를 잘 지켜야 해요.

공공장소에서 지켜야 할 행동인 질서를 잘 지키지 않으면 여러 사람이 불편해지고 기분이 나빠질 수 있어요. 우리 함께 질서 지키는 방법에 대해 알아볼까요?

도서관에서 질서 지키기

• 책을 깨끗이 봐요.
• 책을 읽는 다른 사람에게 방해가 되지 않게 조용히 해요.
• 책을 빌리거나 반납할 때는 줄을 서요.

질서
공공장소에서 지켜야 할 행동

이해 ▶ 사람이 많거나 여러 사람이 함께 이용하는 곳에서는 □□를 지켜야 해요.

질서 지키기

전시회장

친구들과 떠들거나 뛰어다니지 않아요. 전시된 것들은 손으로 만지지 않아야 하며 조용히 눈으로만 보아야 해요.

체험 학습장

체험을 하면서 쓰레기를 함부로 버리지 않아야 해요.

학습 발표회장

바른 자세로 앉아서 조용히 발표회를 보아야 해요. 앞자리의 의자를 발로 차면 안 돼요.

◉ 다음 설명에 알맞은 말을 쓰세요.

- 사람이 많은 곳이나 여러 사람이 함께 이용하는 곳에서 지켜야 할 행동이다.
- 잘 지키지 않으면 여러 사람이 불편해지고 기분이 나빠진다.

◉ 도서관에서 지켜야 할 질서에 ○표를 하세요.

책을 읽는 다른 사람에게 방해가 되지 않게 조용히 읽는다.

전시된 것들은 손으로 만지지 않아야 하며 조용히 눈으로만 본다.

◉ 알맞게 선으로 이으세요.

체험 학습장	앞자리의 의자를 발로 차지 않는다.
학습 발표회장	체험을 하면서 쓰레기를 함부로 버리지 않는다.

2회 ②

세계 여러 나라의 전통 옷

오늘 거리에서 퍼레이드가 열렸어요. 세계 여러 나라의 전통 옷을 입은 사람들이 줄지어 걸어가며 구경하러 나온 사람들에게 인사했어요. 우리 나라의 전통 옷인 한복이 가장 예뻤어요. 기모노를 입은 사람은 조심조심 걷는 것 같았어요. 책에서 본 아오자이와 치파오도 볼 수 있었어요. 나라마다 이렇게 다양한 전통 옷이 있다는 것이 신기했어요.

기모노

일본의 전통 옷. 앞이 터진 옷을 합쳐 입고 폭이 넓은 허리띠를 둘러요.

치파오

중국의 전통 옷. 몸에 딱 맞는 원피스 모양의 옷으로 치마 옆이 트여 있어요.

한복

대한민국의 전통 옷. 직선과 곡선이 어우러져 화려하고도 우아해요.

아오자이

베트남의 전통 옷. 윗옷이 길고 바지가 헐렁해요.

이해 ▶ 세계의 □□ □은 각각이 다 독특하고 아름다워요.

세계 여러 나라의 전통 옷 더 알아보기

러시아의 사라판
소매가 없이 길이가 긴 치마예요. 옷 안에는 흰 블라우스를 입어요.

그리스의 튜닉
무릎 정도까지 오는, 장식이 거의 없고 느슨한 옷이에요. 그리스·로마 신화에 나오는 옷들과 비슷해요.

몽골의 델
한복의 두루마기와 비슷한 원피스예요. 추위를 견디기에 알맞고 때로는 담요 역할을 한다고 해요.

영국의 킬트
전통적으로 남자가 입는 체크무늬의 치마예요. 색이나 무늬로 가문이나 계급을 나타내요.

◉ 알맞게 선으로 이으세요.

| 일본의 전통 옷 | · | | · | 치파오 |
| 중국의 전통 옷 | · | | · | 기모노 |

◉ 다음 설명에 알맞은 말을 쓰세요.

- 대한민국의 전통 옷이다.
- 직선과 곡선이 어우러져 화려하고도 우아하다.

☐ ☐

◉ 알맞은 것에 ○표를 하세요.

아오자이는 윗옷이 길고 바지가 헐렁한 베트남의 전통 옷이다. ☐

튜닉은 체크무늬의 치마로 그리스의 전통 옷이다. ☐

3회 ①

시각과 시간은 달라요

매일 아침 1교시 수업은 몇 시에 시작하나요? 9시예요. 이처럼 시간의 어느 한 순간을 시각이라고 해요. 그럼, 점심 시간은 어떻게 되나요? 만약 12시에 시작해서 12시 50분까지가 점심 시간이라고 할 경우 시작하는 시각부터 끝나는 시각까지의 사이를 말하는 50분이 되지요. 시간은 이렇게 어떤 시각부터 어떤 시각까지의 사이를 말해요. 시각과 시간을 나타낼 때는 '시, 분, 초'라는 단위를 함께 쓰지요.

이해 ▶ 내가 가장 즐거운 □□은 친구들과 놀이를 할 때예요.

시간과 분

짧은 바늘(시침)이 큰 눈금 한 칸을 지나면 1시간, 긴 바늘(분침)이 작은 눈금 한 칸을 지나면 1분이에요. 긴 바늘이 한 바퀴를 돌면 60분이 되는데, 이때 짧은 바늘이 큰 눈금 한 칸을 지나가서 1시간이 되는 거예요.

분과 초

초바늘(초침)은 작은 눈금 한 칸이 1초인데, 한 바퀴를 돌면 60초가 돼요. 이때 시계의 긴 바늘이 작은 눈금 한 칸을 지나가서 1분이 되는 거예요

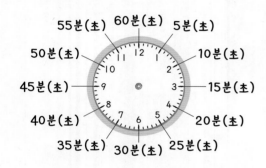

하루

하루는 24시간이에요. 밤 12시부터 낮 12시까지를 오전, 낮 12시부터 밤 12시까지를 오후라고 해요. 그래서 시계의 짧은 바늘은 하루에 두 바퀴를 도는 거예요.

달력이 없어도 9월이 며칠인지 안다고?

주먹을 쥐었을 때 둘째 손가락부터 시작하여 위로 솟은 것은 큰 달(31일), 안으로 들어간 것은 작은 달(30일 또는 28일, 29일)이 돼요.

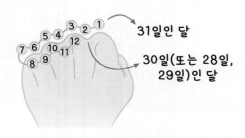

◉ 알맞게 선으로 이으세요.

| 시각 • | • 시간의 어느 한 순간. |
| 시간 • | • 어떤 시각부터 어떤 시각까지의 사이. |

◉ 알맞은 말에 각각 ○표를 하세요.

짧은 바늘이 큰 눈금 한 칸을 지나면 (1시간 , 1분), 긴 바늘이 작은 눈금 한 칸을 지나면 (1시간 , 1분)이다.

◉ 알맞은 것에 ○표를 하세요.

1시간은 60분이다. ☐

하루는 12시간이다. ☐

3회 ②

소리가 비슷한 낱말

한 친구가 토끼가 뛰어가는 모습을 보고 "토끼가 갔다."라고 말했어요. 그런데 다른 친구는 "뭐? 토끼가 똑같다고?"라고 말하는 거예요. '갔다'라는 낱말을 '같다'라고 들었나 봐요.

이처럼 소리가 비슷한 낱말은 헷갈리기 쉬워요. 낱말의 뜻을 정확하게 알고 소리가 비슷한 낱말을 쓴다면 문장의 뜻을 정확하게 나타낼 수 있어요.

갔다
한 곳에서 다른 곳으로 움직여 자리를 바꾸었다.

같다
서로 다르지 않다.

반드시
약속을 지키자!
틀림없이 꼭.

반듯이
물체나 행동이 비뚤어지거나 기울어지지 않고 바르다.

이해 ▶ '갔다'와 '같다'는 글자는 다르지만 □□가 비슷한 낱말이에요.

소리가 비슷한 낱말의 예 //////////////////////////

| 맞다
[맏따] | 답이 틀리지 않다는 뜻이에요.
예 이것은 연필이 맞다. |
| 맡다
[맏따] | 어떤 일을 담당한다는 뜻이에요.
예 우리 반 회장을 맡다. |

| 깊다
[깁따] | 겉에서 속까지의 거리가 멀다는 뜻이에요.
예 바닷속이 깊다. |
| 깁다
[깁따] | 떨어진 곳에 다른 조각을 댄다는 뜻이에요.
예 구멍 난 양말을 깁다. |

| 붙이다
[부치다] | 맞닿아 떨어지지 않게 한다는 뜻이에요.
예 색종이를 종이에 붙이다. |
| 부치다
[부치다] | 편지나 물건을 보낸다는 뜻이에요.
예 할머니께 편지를 부치다. |

소리가 비슷한 낱말을 쓸 때 주의할 점 //////////////

　소리가 비슷한 낱말을 쓸 때는 낱말의 뜻을 정확하게 알아야 해요. 이때 문장에 알맞은 낱말을 쓰려면 낱말을 쓸 곳의 앞뒤 내용을 잘 살펴보아요. 그리고 전하려는 뜻을 정확하게 나타낼 수 있는 낱말을 쓰면 돼요.

낱말의 뜻을 정확하게 알고 있어야 해.

◉ 알맞은 말에 ◯표를 하세요.

　소리가 비슷한 낱말의 뜻을 알고 있으면 문장의 뜻을 (정확하게 , 짧게) 이해하거나 표현할 수 있다.

◉ 알맞게 선으로 이으세요.

| 맞다 ・ | ・ 답이 틀리지 않다. |
| 맡다 ・ | ・ 어떤 일을 담당하다. |

◉ 소리가 비슷한 낱말을 쓸 때 주의할 점에 ◯표를 하세요.

| 낱말의 뜻을 정확하게 알고 있어야 한다. | ☐ |
| 문장의 길이에 알맞은 낱말을 써야 한다. | ☐ |

4회 ①

다문화 친구들이 많아졌어요

우리 반에는 다른 학교에서 전학 온 친구가 있어요. 친구의 엄마는 독일 사람이고, 아빠는 한국 사람이에요. 그런데 게임을 좋아하고 친구들과 잘 어울리는 모습은 우리와 닮았어요. 선생님께서 피부색만 다를 뿐이고 모두 같은 한국인이라고 말씀하셨던 까닭을 알 것 같아요. 다른 반에는 부모님이 중국인인 친구도 있어요. 우리 주변에 다문화 친구들이 많아졌어요.

다문화

한 사회 안에 여러 민족이나 여러 국가의 문화가 섞여 있는 것을 이르는 말이에요.

이해 ▶ 이제는 한 나라에도 여러 문화가 섞여 있는 □□□ 시대가 되었어요.

우리나라가 다문화 사회가 된 까닭 ////////

- 외국에서 우리나라로 일자리를 구하러 온 사람이 많아졌기 때문이에요.
- 결혼하기 위해 우리나라로 온 외국인이 많아졌기 때문이에요.
- 공부나 사업 때문에 우리나라 사람과 외국인이 서로 오가는 일이 많아졌기 때문이에요.

다문화 사회에서 가져야 할 태도 ////////

- 다른 나라 문화만 따르거나 자기 나라 문화만 고집하는 것은 옳지 않아요.
- 서로 이해하고 존중하는 것이 중요해요.

나라마다 다른 음식 문화 ////////

우리나라에서는 음식을 먹을 때 숟가락과 젓가락을 모두 사용해요. 가까운 나라인 중국이나 일본에서는 젓가락을 많이 사용한대요. 또 포크와 나이프를 사용하는 나라도 있고, 손으로 음식을 먹는 나라도 있어요. 이렇게 음식을 먹는 방법도 나라마다 다르지요.

◉ 다음 설명에 알맞은 말을 쓰세요.

> 한 사회 안에 여러 민족이나 여러 국가의 문화가 섞여 있는 것을 이르는 말이다.

☐ ☐ ☐

◉ 우리나라가 다문화 사회가 된 까닭에 ○표를 하세요.

> 외국에서 우리나라로 일자리를 구하러 온 사람이 많아졌기 때문이다.

☐

> 우리나라 사람들이 결혼하기 위해 외국으로 나가는 경우가 많아졌기 때문이다.

☐

◉ 알맞은 말에 ○표 하세요.

> 서로 이해하고 (존중하는 , 무조건 따르는) 것이 다문화 사회에서 가져야 할 태도이다.

4회 ②

점자를 만든 사람들

 눈이 잘 보이지 않는 시각 장애인들은 어떻게 글을 읽을까요? 바로 점자로 읽어요. 점자란 두꺼운 종이 위에 6개의 점을 일정한 방식으로 도드라지게 찍어서 나타낸 문자예요. 그래서 손가락 끝으로 점자를 만져서 글을 읽을 수 있는 것이지요. 이러한 점자는 프랑스의 교육자 루이 브라유가 만들었어요. 그리고 이를 바탕으로 우리나라의 교육자 박두성이 한글 점자를 만들었답니다.

루이 브라유
현대 점자를 만들었어요.

박두성
한글 점자를 만들었어요.

점자
두꺼운 종이 위에 6개의 점을 일정한 방식으로 도드라지게 찍어서 나타낸 문자예요.

이해 ▶ 엘리베이터, 안내문 등에도 시각 장애인을 위한 □□가 있어요.

점자를 만든 사람들

루이 브라유

프랑스의 교육자예요. 전쟁에서 사용되던 비밀 문자를 바탕으로 현대 점자를 만들었어요.

박두성

우리나라의 교육자예요. 루이 브라유가 만든 점자를 바탕으로 한글 점자인 훈맹정음을 만들었어요.

▲ 점자로 만들어진 책

▲ 길 안내용 점자 블록

훈맹정음

시각 장애인이 한글을 배울 수 있도록 만든 점자로 훈민정음을 가리키는 말이에요.

또 다른 언어, 수화

수화는 청각 장애인을 위한 언어예요. 손짓과 표정으로 대화를 하는데 표정에 따라 뜻이 달라지기도 해요.

◉ 다음 설명에 알맞은 말을 쓰세요.

• 두꺼운 종이 위에 6개의 점을 일정한 방식으로 도드라지게 찍어서 나타낸 것이다.
• 손가락 끝으로 만져서 글을 읽을 수 있다.

◉ 알맞게 선으로 이으세요.

박두성 ·　　　　　 · 현대 점자를 만든 사람이다.

루이 브라유 ·　　　　 · 한글 점자를 만든 사람이다.

◉ 알맞은 것에 ◯표를 하세요.

청각 장애인의 언어는 점자이다.

훈맹정음은 점자로 만든 훈민정음을 가리키는 말이다.

5회 ①

세찬 바람과 큰비를 몰고 오는 태풍

자연재해란 자연에서 일어나는 일로 생기는 피할 수 없는 여러 가지 피해를 말해요. 자연재해에는 여러 가지가 있는데 그중 세찬 바람과 많은 양의 비를 몰고 오는 태풍은 보통 7월부터 9월 사이에 갑자기 몰려 와서 큰 피해를 남기기도 한답니다.

태풍이 불어올 때 어떤 피해가 생길 수 있는지 살펴보고, 어떻게 행동하면 좋은지 알아두면 피해를 줄일 수 있어요.

바람이 매우 세차게 불고, 굵은 비가 많이 내려요.

세찬 바람으로 나무가 꺾이거나 건물이 무너지기도 해요.

강물이나 시냇물이 불어 넘쳐 근처에 있는 집들이 물에 잠기기도 해요.

전화 연결이 잘 안 되고, 전기가 나가기도 해요.

이해 ▶ 큰비와 함께 세찬 바람이 불어오는 □□은 피해를 줄이는 방법을 알아두면 좋아요.

태풍이란

바람이 매우 세차게 불면서 많은 양의 비가 함께 내려 큰 피해가 생기는, 자연에서 일어나는 일이에요.

태풍이 불어올 때 해야 할 행동

- 문과 창문은 꼭 닫고, 창문이 흔들리지 않게 창틀에 테이프 등으로 붙이는 것이 좋아요.
- 텔레비전이나 라디오, 스마트폰 등에서 뉴스를 잘 확인해요.
- 큰 간판이 흔들거리는 아래로 지나가지 않도록 해요.

태풍에 대해 더 알아보기

태풍은 지역에 따라 다르게 불러요. 우리나라가 있는 지역에서는 태풍, 미국이 있는 지역에서는 허리케인, 인도가 있는 지역에서는 사이클론이라고 불러요.

그리고 태풍의 이름은 2000년부터 여러 나라에서 10개씩 만든 이름 140개를 순서대로 사용하고 있어요. 우리나라에서 만든 태풍 이름에는 '개미, 나리, 장미, 미리내, 노루' 등이 있어요.

◉ 다음 설명에 알맞은 말을 쓰세요.

바람이 매우 세차게 불면서 많은 양의 비가 함께 내려 큰 피해가 생기는, 자연에서 일어나는 일이다.

◉ 태풍의 피해에 ◯표를 하세요.

눈이 많이 내려 길이 미끄러워진다.

세찬 바람으로 나무가 꺾이거나 건물이 무너지기도 한다.

◉ 알맞은 말에 ◯표를 하세요.

태풍이 불어올 때 (대문 , 창문)이 흔들리지 않게 창틀에 테이프 등으로 붙이는 것이 좋다.

5회 ②

아주 많이 오는 눈, 대설

일기 예보에서 이번 겨울은 작년보다 더 춥고 눈이 많이 내릴 거라고 하네요. 자연에서 일어나는 일로 생기는 여러 가지 피해 중 겨울에 내리는 눈 때문에 생기는 것이 바로 대설이에요. 대설은 짧은 시간에 많은 양의 눈이 내려 쌓이게 되는 것이에요. 이런 대설 때문에 어떤 피해가 생길 수 있는지 살펴보고, 어떻게 행동하면 좋은지 알아두면 피해를 줄일 수 있어요.

쌓인 눈이 얼면 길이 미끄러워요.

길에 눈이 많이 쌓이면 다니기가 불편해요.

이해 ▷ 많은 눈이 내려 쌓이는 ☐☐ 피해를 줄일 수 있는 방법을 알아두면 좋아요.

대설이란 ///////////////////////////////

큰 피해를 줄 정도로 짧은 시간에 많은 눈이 내려 쌓이는 것이에요.

대설의 피해 ///////////////////////////////

- 쌓인 눈이 얼어서 길이 미끄러워져요.
- 집이나 가게 앞, 길에 눈이 많이 쌓여서 다니기가 어려워요.
- 지하철이나 버스 등이 다니는 데 문제가 생겨요.

대설 예보가 있을 때 해야 할 행동 ////////////

- 되도록 외출을 하지 않는 것이 좋아요. 꼭 외출해야 할 경우에는 두툼한 옷을 입고 모자를 쓰고 장갑을 껴야 해요. 그리고 길을 걸을 때는 주머니에 손을 넣지 말고 걸어야 해요.
- 텔레비전이나 라디오, 스마트폰 등에서 뉴스를 잘 확인해요.
- 집 근처 길가에 눈이 많이 쌓이지 않도록 치워야 해요.

대설 친구, 한파 ///////////////////////////////

한파란 겨울철에 기온이 갑자기 내려가는 것을 말해요. 일기 예보에서 한파 주의보를 말한 날에는 외출할 때 추위 때문에 살갗이 어는 동상에 걸리지 않도록 더욱 따뜻하게 입어야 해요.

◉ 알맞은 말에 ○표를 하세요.

> 큰 피해를 줄 정도로 짧은 시간에 많은 눈이 내려 쌓이는 것을 (대설 , 소설)이라고 한다.

◉ 대설의 피해에 ○표를 하세요.

강물이 불어 넘쳐 집들이 잠긴다.	

지하철이나 버스 등이 다니는 데 문제가 생긴다.	

◉ 알맞은 말에 ○표를 하세요.

> 대설 예보가 있을 때는 되도록 외출을 하지 않는 것이 좋다. 꼭 외출해야 할 경우 (얇은 , 두툼한) 옷을 입고 모자를 쓰고 장갑을 껴야 한다.

1 바다에 사는 동물에 대한 설명으로 알맞지 <u>않은</u> 것은 무엇인가요? (   ) »------------- 과학

① 고래는 몸집이 크다.
② 산호는 색이 화려하다.
③ 문어는 열 개의 다리로 먹잇감을 잡는다.
④ 오징어는 문어보다 다리 두 개가 더 많다.
⑤ 바닷속에는 여러 동물들이 함께 살고 있다.

2 알맞게 선으로 이으세요. »--- 과학

| 해마 | · | | · | 주변에 따라 몸 색깔을 바꿀 수 있다. |

| 상어 | · | | · | 뽀족한 이가 많은데 빠지면 새 이가 또 앞으로 나온다. |

3 갯벌에 대한 설명으로 알맞은 것에 ○표를 하세요. »------------------- 과학

(1) 물이 빠진 갯벌에는 숨구멍이 안 보인다.   (   )
(2) 영양분이 적어서 동물들의 먹잇감도 적다.   (   )
(3) 갯벌은 바닷물에 잠겼다가 드러나는 땅이다.   (   )

4 갯벌에 사는 동물에 대해 알맞게 말하지 <u>않은</u> 친구의 이름을 쓰세요. »------ 과학

준영: 갯지렁이는 갯벌에 사는 지렁이야.
수희: '바다의 청소부'라고 불리는 동물은 불가사리야.
민재: 말뚝망둑어는 물속에서는 헤엄치지만 갯벌에서는 지느러미를 이용해서 걷거나
     뛰기도 해.

(   )

▶ 정답과 해설 **61쪽**

5 다음은 어느 곳에서 지켜야 할 질서인지 보기 에서 기호를 골라 쓰세요. » .... 사회

> • 친구들과 떠들거나 뛰어다니지 않아야 한다.
> • 전시된 것들은 손으로 만지지 않아야 하며 조용히 눈으로만 보아야 한다.

보기
| ㉮ 도서관 | ㉯ 전시회장 | ㉰ 체험 학습장 | ㉱ 학습 발표회장 |

(   )

6 다음 빈칸에 들어갈 두 글자의 말을 쓰세요. » .... 사회

> 학습 발표회장에서는 바른 자세로 앉아서 조용히 발표회를 보아야 한다. 그리고 앞자리의 □□□를 발로 차면 안 된다.

(   )

7 세계 여러 나라의 전통 옷에 대한 설명으로 알맞은 것에 모두 ○표를 하세요. » .... 사회

(1) 중국의 전통 옷은 치파오이다.   (   )
(2) 베트남의 전통 옷은 기모노이다.   (   )
(3) 대한민국의 전통 옷은 한복이다.   (   )

8 다음은 어느 나라의 전통 옷인지 쓰세요. » .... 사회

(   )

9 시각과 시간에 대한 설명이 알맞지 <u>않은</u> 것은 무엇인가요? (   ) 》⸺⸺⸺⸺⸺⸺⸺ 수학

① 하루는 24시각이다.

② 시간의 어느 한 순간을 시각이라고 한다.

③ 시계에서 초바늘이 한 바퀴를 돌면 60초가 된다.

④ 시간은 어떤 시각부터 어떤 시각까지의 사이를 말한다.

⑤ 시계에서 짧은 바늘이 큰 눈금 한 칸을 지나면 1시간이다.

10 다음 그림을 보고, 3월은 며칠인지 쓰세요. 》⸺⸺⸺⸺⸺⸺⸺⸺⸺⸺⸺⸺ 수학

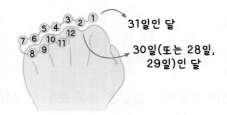

(   )

11 알맞게 선으로 이으세요. 》⸺⸺⸺⸺⸺⸺⸺⸺⸺⸺⸺⸺⸺⸺⸺ 국어

| 갔다 | • | | • | 서로 다르지 않다. |

| 같다 | • | | • | 한 곳에서 다른 곳으로 움직여 자리를 바꾸었다. |

▶ 정답과 해설 **62**쪽

12 다음은 다문화 사회에서 가져야 할 태도입니다. 빈칸에 들어갈 두 글자의 말을 쓰세요. 사회

> 다른 나라 문화만 따르거나 자기 나라 문화만 고집하는 것은 옳지 않다. 서로 이해하고 [   ]하는 것이 중요하다.

(   )

13 다음 설명에 알맞은 말을 쓰세요. 사회

> 두꺼운 종이 위에 6개의 점을 일정한 방식으로 도드라지게 찍어서 나타낸 문자이다.

(   )

14 태풍에 대한 설명으로 알맞지 <u>않은</u> 것은 무엇인가요? (   ) 안전

① 태풍은 여름철 여러 날 계속해서 비가 내리는 현상이다.
② 태풍이 불어오면 전화 연결이 잘 안 되고, 전기가 나가기도 한다.
③ 태풍이 불어오면 바람이 매우 세차게 불고, 굵은 비가 많이 내린다.
④ 태풍이 불어올 때는 텔레비전이나 라디오, 스마트폰 등에서 뉴스를 확인한다.
⑤ 태풍이 불어올 때는 창문이 흔들리지 않게 창틀에 테이프 등으로 붙이는 것이 좋다.

15 다음 설명에 알맞은 말을 쓰세요. 안전

> 큰 피해를 줄 정도로 짧은 시간에 많은 눈이 내려 쌓이는 현상이다.

(   )

정리 학습

과학　바다에 사는 동물

ㄱ ㄹ

ㅂ ㄷ ㄱ ㅂ

ㅁ ㅇ

과학　갯벌에 사는 동물

ㅊ ㄱ

ㄱ ㅈ ㄹ ㅇ

ㅈ ㄱ

사회 공공장소에서 질서를 지켜요

ㄱ ㄱ ㅈ ㅅ

ㅈ ㅅ

사회 세계 여러 나라의 전통 옷

ㅊ ㅍ ㅇ

ㄱ ㅁ ㄴ

ㅎ ㅂ

ㅇ ㅇ ㅈ ㅇ

점심 [ㅅ][ㄱ] 은 12시부터 12시 50분까지예요.

수업이 시작하는 9시는 [ㅅ][ㄱ] 이에요.

[ㅂ][ㄷ][ㅅ]

약속을 지키자!

틀림없이 꼭.

[ㅂ][ㄷ][ㅇ]

물체나 행동이 비뚤어지거나 기울어지지 않고 바르다.

▶ 정답과 해설 **64**쪽

안전 세찬 바람과 큰비를 몰고 오는 태풍

ㅂ 가 많이 내려요.

ㅂ ㄹ 이 세차게 불어요.

안전 아주 많이 오는 눈, 대설

다니기 ㅂ ㅍ ㅎ ㅇ .

길이 ㅁ ㄲ ㄹ ㅇ ㅇ .

정말 소중한 내 동생!

민재네 집에 가서 얼굴과 손을 씻고 난 뒤 두 사람은 이불을 덮었어요. 그
런데도 몸이 오들오들 떨렸지요. 둘은 꼼짝없이 스마트폰만 바라보았어요.

"아무 일 없겠지?"

승주가 눈물을 글썽거리며 말했어요.

"그럼, 망고랑 몽글이가 얼마나 똑똑한데. 분명 잘 있을 거야."

민재가 울음을 참고 또박또박 말했어요.

"우리는 이불 덮고도 이렇게 추운데 망고랑 몽글이는 얼마나 추울까? 우리
가 어쩌다가 걔네를 잃어버렸을까? 정말 아무 일 없어야 하는데⋯⋯."

승주가 더 이상 말을 잇지 못했어요. 민재는 그런 승주의 손을 꼭 잡으며
말했어요.

"우리 둘이 이렇게 잘 있는 것처럼 망고랑 몽글이도 잘 있을 거야. 우리 망

고가 누나니까 몽글이를 잘 보살피고 있을 거야."

승주는 그 순간, 경주 누나를 떠올렸어요. 늘 얄밉게 말하던 누나가 아까 공원에서는 승주를 품에 꼭 안아 주며 아무 일 없을 거라고 말해 주었거든요. 몽글이를 잃어버렸다고 크게 혼을 낼 거라고 생각했는데 말이지요.

이불을 덮어 쓴 두 사람은 눈을 부릅뜨고 스마트폰만 바라보다가 어느새 스르르 잠이 들었어요.

얼마나 시간이 흘렀을까요. 갑자기 웅성거리는 소리에 눈을 뜬 승주와 민재는 놀라서 펄떡 뛰듯이 일어나며 물었어요.

"어, 어떻게 됐어요? 망고랑 몽글이는요?"

"막 민재 방에서 잠들었다."

망고와 몽글이를 보러 방으로 달려가려는 둘에게 민재 엄마가 말했어요.

"많이 지친 것 같으니 조용히 가서 보고만 와. 알았지?"

민재와 승주는 조심스럽게 방문을 열었어요. 푹신한 망고 집에 망고가 잠들어 있었고 그 곁에 몽글이가 망고 품에 안긴 채 새근새근 자고 있었지요. 두꺼운 이불이 밀려 내려와 있어서 민재가 다시 덮어 주었어요.

'아, 망고와 몽글이를 다시 찾았어! 정말 다행이야, 정말 다행이야.'

두 사람은 망고와 몽글이가 편하게 잠들어 있는 모습을 지켜보면서 결국 눈물을 쏟아냈어요. 두 사람을 부르러 왔던 민재 엄마가 놀라서 아이들을 방 밖으로 데리고 나왔어요. 거실로 나와서도 울음을 그치지 못하는 승주와 민재를 엄마들이 품에 안아 주며 달랬어요. 두 엄마 품에 안긴 아이들은 한참을 흐느꼈지요.

"어디서 찾았어요? 누가 발견했어요?"

드디어 울음을 멈춘 승주의 궁금증이 솟구쳤어요. 민재도 궁금해서 못 견딜 지경이었지요. 둘이 눈을 빛내며 엄마들을 쳐다봤어요.

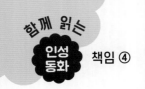
"다행히 경주가 둘을 발견했단다. 눈이 많이 내리니까 굴 속으로 숨은 거
같은데, 망고 품에 몽글이가 잠들어 있더라. 몽글이가 잠들어서 더 못 움직
인 거 같아. 두 녀석들이 서로 품고 있는데…… 얼마나 기특하던지."

민재 엄마가 그때 모습이 떠올랐는지 떨리는 목소리로 말했어요.

승주는 아까 민재 방에서 보았던 망고와 몽글이의 모습이 떠올랐어요. 망고
의 품에 폭 파고들어 잠들어 있던 몽글이의 모습! 아마 그때처럼 서로 품에서
추위를 달래고 있었겠지요? 망고와 몽글이는 그때 얼마나 무섭고 추웠을까
요? 승주는 다시 눈물이 나올 것 같았어요.

그때 엄마의 따끔한 말이 이어졌어요.

"김승주, 이민재, 너희 그때 뭐하고 있었어? 둘 다 스마트폰 보고 있었지?
정말 이렇게 책임감 없이 굴 거야? 그래도 다행히 망고랑 몽글이를 찾았으
니 망정이지, 만약 못 찾았으면 어떡할 뻔했니? 이렇게 추운 날 못 찾았으
면, 응?"

밖은 영하의 날씨였지요. 거기다가 아직도 눈발이 날리고 있었어요. 이런
추운 날, 조금만 더 밖에 있었다면 과연 망고와 몽글이는 무사했을까요? 승주
와 민재는 그 같은 일은 상상도 하기 싫었어요.

"잘못했어요. 다음에는 더 책임감 있게 행동할게요. 다시는 둘을 데리고 나
가서 딴짓하지 않을 거예요."

승주가 힘주어 말했어요.

"저도요. 하마터면 우리 망고를 잃어버릴 뻔했잖아요. 다시는 그런 일은 없
을 거예요."

민재가 대답했어요.

'귀여운 내 동생을 하마터면 영원히 잃어버릴 뻔했다니! 생각만 해도 끔찍해.'

승주는 눈앞이 캄캄해지는 기분이 들었어요.

"가족을 책임지는 건 결코 쉬운 일이 아니란다.
그만큼 신경써야 하고 무슨 일이 없는지 늘 살펴야
하는 거야. 내가 하고 싶은 일이 있어도 꼭 참고 돌봐
주어야 할 때도 많지. 이번 일로 너희도 많이 느꼈을
거라고 생각해."

엄마의 말씀을 들으며 승주는 사랑하는 동생, 몽글이를
지키는 책임을 게을리하지 않겠다는 다짐을 굳게 하였지요.

2단계에서 배운 내용 다시 보기

1주차

1	①	사회	깨끗이 청소해요
	②	사회	음악을 연주하는 악기
2	①	사회	하늘을 연구한 사람들
	②	안전	집에서 안전하게 생활해요
3	①	과학	계절에 따라 옷을 입는 잎
	②	과학	여러 가지 곤충
4	①	과학	네 방향 동서남북
	②	국어	자세하고 실감 나게 꾸며 주는 말
5	①	국어	알맞게 띄어 읽어요
	②	국어	어린이의 마음을 담은 동시

2주차

1	①	사회	여러 가지 직업
	②	사회	흥겨운 풍물놀이
2	①	안전	건강을 위해 지키는 개인위생
	②	안전	다쳤을 때 응급 치료를 해요
3	①	국어	여러 가지 감정
	②	사회	생활 모습을 그린 화가들
4	①	과학	생활에 필요한 일기 예보
	②	국어	소개하는 글을 써요
5	①	안전	몸에 해로운 황사와 미세 먼지
	②	사회	즐거운 방학

3주차

1	①	과학	식물의 겨울나기
	②	과학	사막에 사는 동물
2	①	사회	우리나라의 전통 집
	②	사회	세계 여러 나라의 전통 집
3	①	수학	길이를 재요
	②	수학	여러 가지 모양 도형
4	①	사회	전기를 널리 알린 사람들
	②	안전	안전한 우리 집 만들기
5	①	국어	친구에게 편지를 써요
	②	국어	어린이를 위한 글, 동화

4주차

1	①	과학	바다에 사는 동물
	②	과학	갯벌에 사는 동물
2	①	사회	공공장소에서 질서를 지켜요
	②	사회	세계 여러 나라의 전통 옷
3	①	수학	시각과 시간은 달라요
	②	국어	소리가 비슷한 낱말
4	①	사회	다문화 친구들이 많아졌어요
	②	사회	점자를 만든 사람들
5	①	안전	세찬 바람과 큰비를 몰고 오는 태풍
	②	안전	아주 많이 오는 눈, 대설

[인용 사진 출처] 15쪽 앙부일구, ⓒ 국립고궁박물관(www.gogung.go.kr) / 15쪽 창덕궁 이문원 측우기, ⓒ 국립고궁박물관(www.gogung.go.kr) / 21쪽 EBS_동물_곤충_0191, 한국교육방송공사, 공유마당, CC BY / 21쪽 EBS_동물_곤충_0136, 한국교육방송공사, 공유마당, CC BY / 55쪽 풍속화첩_타작, 김홍도, 공유마당, CC BY / 55쪽, 66쪽 풍속화첩_서당, 김홍도, 공유마당, CC BY / 55쪽 풍속화첩_씨름, 김홍도, 공유마당, CC BY / 83쪽 EBS_주택_건물_0023, 한국교육방송공사, 공유마당, CC BY / 83쪽 EBS_주택_0315, 한국교육방송공사, 공유마당, CC BY / 91쪽 전구, 한국저작권위원회, 공유마당, CC BY / 99쪽 한국저작권위원회_해외_아시아_몽골_0005, 한국저작권위원회, 공유마당, CC BY / 127쪽 소품, 아사달, 공유마당, CC BY / 127쪽 고려대_027, 셀수스협동조합, 공유마당, CC BY
* 어휘 풀이는 국립국어원 표준국어대사전을 바탕으로 정리하였습니다.

배경지식이 문해력이다

문해력

2단계

초등 2 ~ 3학년 권장

정답과 해설

정답과 해설

1회 ①

깨끗이 청소해요

매주 일요일은 온 가족이 청소를 하는 날이에요. 청소는 더럽거나 어지러운 것을 쓸고 닦아서 깨끗하게 하는 것을 말해요. 먼저 창문을 열고, 먼지떨이로 먼지를 떨었어요. 그리고 책이나 물건 등은 제자리에 정리했어요. 바닥은 청소기로 먼지를 없앤 다음에 걸레로 깨끗이 닦았어요.

마지막으로 청소할 때 쓴 물건들을 정리하고 창문을 닫았어요. 깨끗해진 집을 보니 내 마음도 깨끗해지는 것 같네요.

책이나 물건은 제자리에 정리해요.

Tip
더러워진 유리는 신문지로 닦으면 잘 닦입니다.

바닥 먼지는 빗자루로 쓸거나, 청소기를 이용해서 없애요.

이해 건강을 지키기 위해 더럽거나 어지러운 것은 □□해야 해요.
청소

청소할 때 필요한 물건

먼지떨이
손잡이에 헝겊 조각 따위를 붙인 것으로, 먼지를 떨 때 쓰는 물건이에요.

빗자루와 쓰레받기
빗자루는 먼지나 쓰레기를 쓸어 낼 때 쓰는 물건이고, 쓰레받기는 빗자루로 쓴 쓰레기를 받아 낼 때 쓰는 물건이에요.

청소기
청소를 할 때 쓰는 기계로 먼지나 티끌을 빨아들일 수 있어요.

걸레
바닥이나 가구, 물건 등의 물기나 더러운 것을 닦을 때 쓰는 물건이에요.

◎ 청소할 때 필요한 물건에 모두 ○표를 하세요.

(먼지떨이)	수건	(걸레)
(청소기)	빨래	(빗자루와 쓰레받기)

해설 수건은 얼굴이나 몸에 있는 물기를 닦을 때 쓰는 물건이고, 빨래는 더러운 옷을 물에 빠는 일을 말합니다.

◎ 알맞은 것에 ○표를 하세요.

바닥의 먼지는 그냥 둔다.	
책이나 물건은 제자리에 정리한다.	○

해설 청소할 때 바닥의 먼지는 빗자루로 쓸거나 청소기를 이용해 없애야 합니다.

◎ 알맞게 선으로 이으세요.

걸레 — 먼지를 떨 때 쓰는 물건.

먼지떨이 — 바닥이나 가구, 물건 등의 더러운 것을 닦을 때 쓰는 물건.

해설 걸레는 바닥이나 가구, 물건 등의 더러운 것을 닦을 때 쓰는 물건이고, 먼지떨이는 먼지를 떨 때 쓰는 물건입니다.

▶ 정답과 해설 4쪽

1회 ②

음악을 연주하는 악기

수업 시간, 선생님께서는 무엇이든 악기가 될 수 있다고 말씀하셨어요. 책상을 두드리는 소리, 발을 구르는 소리, 손뼉을 치는 소리, 그리고 노래하는 소리도 음악이 되는 거지요.

이런 음악을 연주할 수 있는 기구인 악기는 피아노나 오르간과 같은 건반 악기, 플루트와 같은 관악기, 바이올린과 같은 현악기, 캐스터네츠와 같은 타악기로 나눌 수 있어요.

캐스터네츠
나무나 상아로 만든 조개 모양의 악기예요.

바이올린
가운데가 잘록한 타원 모양의 몸통에 네 줄을 매어 활로 문질러서 소리를 내는 악기예요.

Tip
바이올린, 피아노, 실로폰 등은 서양 악기이고, 북, 장구, 가야금 등은 국악기입니다.

이해 피아노, 바이올린, 플루트는 아름다운 음악을 연주할 수 있는 □□예요.
악기

악기의 종류

건반 악기
건반을 눌러 소리를 내는 악기예요. 다양한 음악을 표현할 수 있어요. 피아노, 오르간 등이 있어요.

◀ 피아노

현악기
활로 줄을 켜거나 손으로 튕겨서 소리를 내는 악기예요. 바이올린, 첼로 등이 있어요.

◀ 바이올린

관악기
나무나 금속으로 된 관을 불어서 소리를 내는 악기예요. 플루트, 트럼펫 등이 있어요.

◀ 플루트

타악기
두들겨서 소리를 내는 악기예요. 캐스터네츠, 실로폰, 트라이앵글, 탬버린 등이 있어요.

▲ 트라이앵글   ▲ 탬버린

◉ 알맞은 말에 ○표를 하세요.

음악을 연주할 수 있는 기구를 (노래 , (악기))라고 한다.

해설 음악을 연주할 수 있는 기구를 악기라고 합니다.

◉ 다음 설명에 알맞은 말을 쓰세요.

- 건반을 눌러 소리를 내는 악기이다.
- 다양한 음악을 표현할 수 있다.
- 피아노, 오르간 등이 있다.

| 건 | 반 | 악 | 기 |

해설 건반을 눌러 소리를 내는 악기로, 다양한 음악을 표현할 수 있는 악기는 건반 악기입니다. 건반 악기에는 피아노, 오르간 등이 있습니다.

◉ 알맞게 선으로 이으세요.

| 실로폰 | ——— | 두들겨서 소리를 내는 악기이다. |
| 바이올린 | ——— | 활로 줄을 켜거나 손으로 튕겨서 소리를 내는 악기이다. |

해설 실로폰은 두들겨서 소리를 내는 악기이고, 바이올린은 활로 줄을 켜거나 손으로 튕겨서 소리를 내는 악기입니다.

2회 ①

하늘을 연구한 사람들

옛날 사람들은 하늘에 떠 있는 해와 날마다 변하는 달, 그리고 계절마다 위치가 달라지는 별이 신기했대요. 그리고 시간과 절기가 달라지는 것, 비가 오는 것 등에 대해 알고 싶어했죠. 그래서 하늘을 보며 재미난 이야기를 만들기도 하고, 하늘에 대해 연구하기도 했지요. 우리나라의 장영실이나 이탈리아의 갈릴레오 갈릴레이가 하늘을 연구한 사람들이에요. 사는 곳은 달랐지만 생각은 비슷했나 봐요.

망원경
멀리 있는 물체 등을 크고 정확하게 볼 수 있는 기구예요.

혼천의
달과 별 등을 관찰하여 날씨를 알아내는 기구예요.

Tip
옛날 사람들의 하늘에 대한 연구가 오늘날 우주에 대한 연구로 이어진 것입니다.

이해 장영실과 갈릴레오 갈릴레이처럼 우리도 □□에 대해 관심을 가져 보아요.
하늘

장영실과 갈릴레오 갈릴레이

장영실
조선 세종 때의 과학자예요. 혼천의, 앙부일구, 자격루, 측우기 등을 만들었어요.

갈릴레오 갈릴레이
이탈리아의 천문학자예요. 망원경을 직접 만들어서 하늘을 관찰했어요.

장영실이 만든 물건들

앙부일구
'솥뚜껑을 뒤집어 놓은 듯한 모습을 한 해시계.' 란 뜻이에요. 시간과 절기를 알 수 있게 만든 해시계예요.

자격루
물이 흐르는 것을 이용하여 스스로 소리를 나게 하여 시간을 알려 주는 물시계예요.

측우기
빗물을 받을 수 있는 원 모양의 통과 그것을 받치는 돌, 고인 빗물의 깊이를 잴 수 있는 자로 된 기구예요. 세계 최초로 만들어진 빗물의 양을 재는 기구예요.

◉ 알맞은 말에 각각 ○표를 하세요.

우리나라의 ((장영실), 갈릴레오 갈릴레이), 이탈리아의 (장영실 , (갈릴레오 갈릴레이))는 둘 다 하늘을 연구한 사람이다.

해설 우리나라의 장영실, 이탈리아의 갈릴레오 갈릴레이는 둘 다 하늘을 연구한 사람입니다.

◉ 다음 설명에 알맞은 말을 쓰세요.

• 이탈리아 사람이다.
• 망원경을 만들어서 하늘을 관찰했다.

| 갈 | 릴 | 레 | 오 | 갈 | 릴 | 레 | 이 |

해설 갈릴레오 갈릴레이는 직접 만든 망원경으로 하늘을 관찰했던 이탈리아 사람입니다.

◉ 알맞게 선으로 이으세요.

해설 자격루는 물시계, 앙부일구는 해시계입니다.

2회 ②

집에서 안전하게 생활해요

구겨진 옷을 펴주는 다리미, 맛있는 밥을 만들어 주는 전기밥솥, 요리할 때 사용하는 칼이나 가위, 여러 가전제품의 플러그를 꽂는 콘센트 등은 우리가 생활하고 있는 집에서 쉽게 볼 수 있는 물건들이에요.

그런데 조금이라도 주의하지 않으면 위험한 물건들이 될 수 있어요. 이러한 물건들은 뜨겁거나 날카롭고 뾰족한 물건들이랍니다. 어떻게 사용해야 안전한지 알아볼까요?

다리미
사용한 뒤에는 뜨거워진 넓은 면에 델 수 있으므로 만지지 말아야 해요.

전기밥솥
김이 나올 때 델 수 있으므로 가까이 가지 않아야 해요.

Tip
생활을 편리하게 해 주는 여러 가전제품은 아이들이 함부로 만지면 위험해질 수 있음을 알려 주는 것이 좋습니다.

이해 집에서도 뜨겁고 날카롭고 뾰족한 물건들을 함부로 만지지 않아야 □□하게 □□할 수 있어요.
안전   생활

집에서 안전하게 생활하기

뜨거운 음식이 든 그릇
뜨거운 물이 든 컵이나 국이 든 그릇에 델 수 있으므로 식은 뒤에 만져야 해요.

가위나 칼
음식을 만들 때 쓰는 뾰족한 가위나 날카로운 칼에 손을 베일 수 있으니 조심해야 해요.

콘센트
젖은 손으로는 콘센트를 만지지 않아야 해요. 그리고 하나의 콘센트에 너무 많은 플러그를 꽂지 않아야 해요.

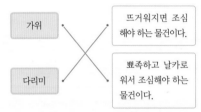

◉ 다음 설명에 알맞은 말을 쓰세요.

- 구겨진 옷을 펴주는 물건이다.
- 사용한 뒤에 뜨거워진 넓은 면을 만지지 않아야 해요.

| 다 | 리 | 미 |

해설 구겨진 옷을 펴주는 물건인 다리미를 사용한 뒤에는 뜨거워진 넓은 면에 델 수 있으므로 만지지 말아야 합니다.

◉ 알맞게 선으로 이으세요.

| 가위 | 　 | 뜨거워지면 조심해야 하는 물건이다. |
| 다리미 | 　 | 뾰족하고 날카로워서 조심해야 하는 물건이다. |

해설 다리미는 뜨거워지면 조심해야 할 물건이고, 가위는 뾰족하고 날카로워서 조심해야 할 물건입니다.

◉ 알맞은 것에 ○표를 하세요.

| 뜨거운 물이 든 컵은 식은 뒤에 만져야 한다. | ○ |
| 하나의 콘센트에 많은 플러그를 꽂는 것이 좋다. | |

해설 하나의 콘센트에 너무 많은 플러그를 꽂지 않아야 합니다.

계절에 따라 옷을 입는 잎

식물의 줄기 끝이나 둘레에 붙어 있는 잎들은 봄에는 연한 초록, 여름에는 진한 초록으로 변해요. 가을이 되면 알록달록 단풍잎으로 변하고 겨울이 다가오면 낙엽이 점점 많아져요. 이렇게 여러 색깔의 옷을 입는 잎의 모양도 여러 가지예요. 한 덩어리인 것도 있고, 여러 개로 나뉘어 있는 것도 있어요. 그리고 잎의 가장자리가 매끈매끈한 것도 있고, 뾰족뾰족한 것도 있지요.

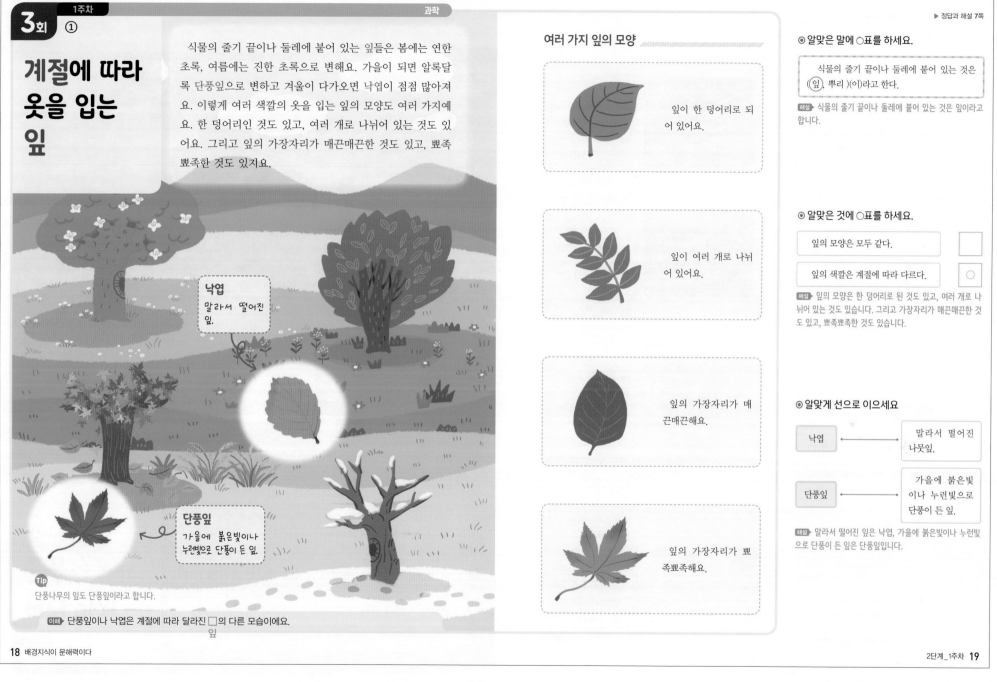

낙엽
말라서 떨어진 잎.

단풍잎
가을에 붉은빛이나 누런빛으로 단풍이 든 잎.

Tip 단풍나무의 잎도 단풍잎이라고 합니다.

이해 단풍잎이나 낙엽은 계절에 따라 달라진 □의 다른 모습이에요.
잎

여러 가지 잎의 모양

잎이 한 덩어리로 되어 있어요.

잎이 여러 개로 나뉘어 있어요.

잎의 가장자리가 매끈매끈해요.

잎의 가장자리가 뾰족뾰족해요.

◉ 알맞은 말에 ○표를 하세요.

식물의 줄기 끝이나 둘레에 붙어 있는 것은 (⑩, 뿌리)(이)라고 한다.

해설 식물의 줄기 끝이나 둘레에 붙어 있는 것은 잎이라고 합니다.

◉ 알맞은 것에 ○표를 하세요.

잎의 모양은 모두 같다.	
잎의 색깔은 계절에 따라 다르다.	○

해설 잎의 모양은 한 덩어리로 된 것도 있고, 여러 개로 나뉘어 있는 것도 있습니다. 그리고 가장자리가 매끈매끈한 것도 있고, 뾰족뾰족한 것도 있습니다.

◉ 알맞게 선으로 이으세요

낙엽 ←→ 말라서 떨어진 나뭇잎.

단풍잎 ←→ 가을에 붉은빛이나 누런빛으로 단풍이 든 잎.

해설 말라서 떨어진 잎은 낙엽, 가을에 붉은빛이나 누런빛으로 단풍이 든 잎은 단풍잎입니다.

여러 가지 곤충

숲이나 풀밭에서 잠자리, 매미, 사슴벌레를 본 적이 있나요? 이 동물들은 몸이 머리, 가슴, 배로 나누어지고, 세 쌍의 다리가 있어요. 뭘까요? 네, 곤충이에요. 머리에는 냄새를 맡을 수 있는 더듬이가 있고, 가슴에는 두 쌍의 날개와 세 쌍의 다리가 있어요. 배는 여러 마디로 나뉘어 있어요. 이러한 몸을 가진 곤충들 중에는 자신을 보호하기 위해 몸의 색깔을 바꾸는 것들도 있어요.

잠자리
눈이 크고 날개가 얇은 곤충이에요.

사슴벌레
큰턱이 집게 모양으로 갈라져 있는 곤충이에요.

매미
어른벌레가 되어 여름을 보내는 곤충이에요.

Tip
매미는 땅속에서 6~12년 동안 애벌레로 살다가 어른벌레가 되어 세상에 나옵니다.

이해▶ 한여름 산이나 들에서 다리가 6개인 □□을 흔히 볼 수 있어요.
곤충

보호색

- 다른 동물의 눈에 띄지 않도록 주위와 비슷하게 바꾸는 몸의 색깔을 말해요.
- 다른 동물의 공격을 피하고 자신의 몸을 보호할 수 있어요.
- 나비 애벌레, 청개구리, 카멜레온 등은 보호색으로 자신을 보호해요.

보호색으로 자신을 지키는 곤충

메뚜기
주변에 있는 것들의 색에 따라 몸 색깔을 바꾸어요.

방아깨비
풀잎에 앉으면 풀색으로 몸 색깔을 바꾸어요.

대벌레
마른 나뭇가지와 비슷하게 생겼으며 주변 환경에 따라 몸 색깔이 달라요.

◉ **알맞은 말에 ○표를 하세요.**

몸이 머리, 가슴, 배로 나누어지고, 세 쌍의 다리가 있는 동물을 (곤충 , 생물)이라고 한다.

해설▶ 몸이 머리, 가슴, 배로 나누어지고, 세 쌍의 다리가 있는 동물을 곤충이라고 합니다.

◉ **그림에서 볼 수 있는 곤충에 모두 ○표를 하세요.**

개미	잠자리	거미
매미	사슴벌레	

해설▶ 그림에서 볼 수 있는 곤충은 잠자리, 매미, 사슴벌레입니다.

◉ **알맞게 선으로 이으세요.**

방아깨비 —— 풀잎에 앉으면 몸 색깔이 풀색으로 바뀐다.

메뚜기 —— 주변에 있는 것들의 색에 따라 몸 색깔이 바뀐다.

해설▶ 방아깨비는 풀잎에 앉으면 몸 색깔이 풀색으로 바뀌고, 메뚜기는 주변에 있는 것들의 색에 따라 몸 색깔이 바뀝니다.

▶ 정답과 해설 9쪽

네 방향 동서남북

가족들과 해돋이를 보러 남산에 갔어요. 팔각정까지 올라가니 서울 시내가 한눈에 보였어요. 엄마가 남산은 경복궁의 남쪽에 있는 산이어서 남산이라는 이름이, 북한산은 한강을 기준으로 북쪽에 있는 산이어서 북한산이라는 이름이 붙여졌다고 말씀해 주셨어요.

엄마와 얘기하는 사이에 동쪽에서 해가 솟아올랐어요. 세상이 온통 환해졌어요. 저녁이 되면 해는 서쪽으로 질 거예요.

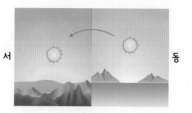

북
북쪽을 가리키는 말.

서
서쪽을 가리키는 말.

동
동쪽을 가리키는 말.

남
남쪽을 가리키는 말.

북 / 서 / 남 / 동

Tip 항상 북쪽에 있는 별이 북극성입니다. 가장 반짝여서 길을 잃었을 때 길잡이가 된다고 합니다.

이해 네 방향인 □□□□을 잘 알면 길을 잘 찾을 수 있어요.
동서남북

동쪽과 서쪽

동쪽은 해가 뜨는 쪽으로 서쪽의 반대 방향이에요. 서쪽은 해가 지는 쪽으로 동쪽의 반대 방향이에요.

서 / 동

그림지도 보며 동서남북 찾기

공원 안내도
축구장
시계탑
조각 동산
무지개 호수
장미 정원

시계탑을 기준으로
동쪽에는 무지개 호수가 있고,
서쪽에는 조각 동산이 있고,
남쪽에는 장미 정원이 있고,
북쪽에는 축구장이 있습니다.

나침반이 뭐예요?

나침반은 방향을 알려 주는 도구예요. 나침반의 파란색 바늘이 가리키는 쪽이 남쪽이고, 빨간색 바늘이 가리키는 쪽이 북쪽이에요.

◉ 방향을 가리키는 말에 모두 ○표를 하세요.

| (동쪽) | 몇 쪽 | (남쪽) |
| 10쪽 | (북쪽) | (서쪽) |

해설 '몇 쪽'과 '10쪽'에서의 '쪽'은 책의 면을 세는 단위입니다.

◉ 다음 설명에 알맞은 말을 쓰세요.

• 동서남북 중 한쪽을 가리키는 말이다.
• 해가 뜨는 쪽이다.

동 쪽

해설 동서남북 중 한쪽을 가리키는 말로 해가 뜨는 쪽은 동쪽입니다.

◉ 알맞은 것에 ○표를 하세요.

| 해가 지는 쪽이 서쪽이다. | ○ |
| 나침반의 빨간색 바늘이 가리키는 쪽은 남쪽이다. | |

해설 나침반의 빨간색 바늘이 가리키는 쪽은 북쪽입니다.

자세하고 실감 나게 꾸며 주는 말

말을 하거나 글을 쓸 때 어떻게 자세하게 나타낼 수 있을까요? 다음 두 문장을 읽어 보세요.

우유를 마셨어.

차가운 우유를 꿀꺽꿀꺽 마셨어.

어느 쪽이 더 자세하고 실감 나게 느껴지나요? 두 번째 문장이에요. 이처럼 같은 내용이더라도 꾸며 주는 말을 넣으면 더 자세하고 실감 나게 나타낼 수 있답니다.

차가운 우유를 꿀꺽꿀꺽 마셨어.

우유를 마셨어.

꾸며 주는 말을 쓰면 문장을 자세하고 실감 나게 표현할 수 있어요.

Tip
꾸며 주는 말 중 하나인 흉내 내는 말은 사물의 모습을 흉내 내는 말과 사물의 소리를 흉내 내는 말이 있습니다.

이해 □□ □□ □은 뒤에 오는 말을 꾸며 주어 그 뜻을 자세하게 해요.
꾸며 주는 말

꾸며 주는 말

뒤에 오는 말을 더 자세하고 실감 나게 나타낼 수 있어요.

> 빨간 꽃이 피었어요.
> → 뒤에 오는 말인 '꽃'의 뜻을 자세하게 나타냄.

흉내 내는 말도 꾸며 주는 말이 되어 뒤에 오는 말을 자세하게 나타낼 수 있어요.

> 나비가 나풀나풀 날아요.
> → 뒤에 오는 말인 '날아요'의 뜻을 자세하게 나타냄.

꾸며 주는 말의 예

> 가방을 들었어요.
> ─────────────
> 큰 가방을 들었어요.
> → '가방'을 꾸며 줌.
> 큰 가방을 번쩍 들었어요.
> → '들었어요'를 꾸며 줌.

> 신발이 예뻐요.
> ─────────────
> 새 신발이 예뻐요.
> → '신발'을 꾸며 줌.
> 새 신발이 아주 예뻐요.
> → 예뻐요'를 꾸며 줌.

꾸며 주는 말을 넣을수록 문장은 점점 더 자세해져.

라면이 맛있다
정말

◉ 다음 설명에 알맞은 말을 쓰세요.

> 뒤에 오는 말을 꾸며 주어서 그 뜻을 자세하게 하는 말이다.

| 꾸 | 며 | 주 | 는 | 말 |

해설 뒤에 오는 말을 꾸며 주어서 그 뜻을 자세하게 하는 말은 꾸며 주는 말입니다.

◉ 꾸며 주는 말에 ○표를 하세요.

(추운) 겨울이 되었어요.

해설 '추운'은 뒤에 오는 겨울을 자세하게 꾸며 주는 말입니다.

◉ 꾸며 주는 말을 쓰면 좋은 점에 모두 ○표를 하세요.

뜻이 더 자세해진다.	○
더 실감 나게 나타낼 수 있다.	○
글자를 더 예쁘게 쓸 수 있다.	

해설 꾸며 주는 말을 쓰면 내용을 더 자세하고 실감 나게 나타낼 수 있습니다.

알맞게 띄어 읽어요

노랑아빨리들어가자.

이 문장은 "노랑아, 빨리 들어가자.", "노랑아, 빨리 들어. 가자!", "노랑아, 빨리 들어가! 자."로 읽을 수 있어요.

각각 다르게 띄어 읽은 세 개의 문장은 그 뜻이 달라요. 같은 글자로 된 문장이라도 띄어 읽는 것에 따라 문장의 뜻이 달라져요. 그래서 문장을 알맞게 띄어 읽어야 전하려는 내용을 잘 알 수 있고 뜻도 정확하게 이해할 수 있답니다.

'노랑아, ∨빨리 들어가자.'로 띄어 읽어야 해

노랑아, 빨리 들어가자.

분홍이

'노랑아, ∨빨리 들어.∨가자!'로 띄어 읽어야 해

노랑이

노랑아, 빨리 들어. 가자!

초록이

'노랑아, ∨빨리 들어가!∨자.'로 띄어 읽어야 해

노랑아, 빨리 들어가! 자.

파랑이

이것 봐. 어디를 띄어 읽는지에 따라 문장의 뜻이 달라지기도 해

Tip
띄어 읽기와 띄어쓰기는 다릅니다.
띄어쓰기는 글을 쓸 때 어떤 말을 기준에 따라 앞말과 띄어 쓰는 일을 말합니다.

이해 알맞게 □□ 읽어야 뜻을 정확하게 이해할 수 있어요.
띄어

띄어 읽기 표시

띄어 읽는 곳을 표시할 때에는 ∨와 ∨∨를 사용해요.

∨   ∨∨

띄어 읽는 방법

문장의 앞부분과 뒷부분으로 나누어 읽어요. 주로 누가 (무엇이) 뒤에 쉬어 읽어요.

안경을 쓴 아저씨가 ∨파란색 자전거를 타고 있어요.
앞부분   뒷부분

문장 부호 뒤에서는 조금 쉬어 읽어요.

빵을 먹고, ∨주스를 마셨어요.
문장 부호(쉼표)

문장과 문장 사이에서 길게 쉬어 읽어요.

내 책가방이 무슨 색이냐고요?∨∨보라색이에요.∨∨보라색을 가장 좋아하거든요.∨∨책가방 속에는 책과 필통이 있어요. ∨∨또 친구에게 빌린 동화책도 있어요.
문장과 문장 사이   글이 끝날 때에는 ∨∨를 하지 않아요

◉ 알맞은 말에 ○표를 하세요.

문장을 어떻게 띄어 읽는지에 따라 문장의 (뜻), 그림)이 달라지기도 한다.

해설 문장을 띄어 읽는 방법에 따라 문장의 뜻이 달라집니다.

◉ ∨를 써서 문장을 알맞게 띄어 읽어 보세요.

우리 가족은∨한강에 갔습니다.

산책도 하고,∨자전거도 탔습니다.

해설 ∨를 써서 문장의 앞부분과 뒷부분 사이에서 쉬어 읽고, 문장 부호 뒤에서도 조금 쉬어 읽습니다.

◉ 알맞게 띄어 읽어야 하는 까닭에 ○표를 하세요.

문장을 짧게 나타낼 수 있다.	
문장의 낱말을 바꿀 수 있다.	
문장의 뜻을 정확하게 이해할 수 있다.	○

해설 문장을 전하려는 내용에 알맞게 띄어 읽어야 문장의 뜻을 정확하게 이해할 수 있습니다.

어린이의 마음을 담은 동시

'무엇을 쓸까?'

준서는 무엇을 동시로 쓸지 생각하다가 재미있는 학교생활을 동시로 썼어요. 글쓴이의 생각이나 느낌을 노래 부르는 것처럼 리듬이 느껴지게 쓴 글을 시라고 하는데, 그중에서 어린이가 읽을 수 있도록 어린이의 마음을 담아 쓴 시를 동시라고 해요. 동시는 동시의 한 줄을 가리키는 행과 행을 여러 개 묶은 덩어리인 연으로 되어 있어요.

즐거운 학교

행 동시의 한 줄.

따르릉 7시
눈이 번쩍.

냠냠냠 8시
학교로 출발.

딩동댕 9시
수업이 시작.

꼬르륵 12시
급식실로 나란히.

연 행을 여러 개 묶은 덩어리.

랄랄라 2시
집에 가자.

오늘도 즐거운 하루.

Tip 동시는 리듬이 느껴지기도 해서 노래로 만들기도 합니다. 이렇게 만들어진 노래를 '동요'라고 합니다.

이해 어린이의 마음을 담아 쓴 글로, 노래 부르는 듯이 리듬이 느껴지게 쓴 글을 □□라고 해요.
동시

동시의 형식

행

동시의 한 줄을 말해요.

연

동시에서 여러 행을 묶은 덩어리를 말해요. 행이 여러 개 모이면 연이 되지요.

예

한입에 쏙쏙 포도	1행	1연
보라색 포도.	2행	
한입에 아삭 사과	3행	2연
빨간색 사과.	4행	
한입에 새콤 키위	5행	3연
초록색 키위.	6행	
한입에 마구마구	7행	4연
배가 불러요.	8행	

→ 이 동시는 4연 8행이에요.

동시의 특징

어린이를 위해 쓴 시예요.

동시는 어린이를 위하여 어린이의 마음을 담아 쓴 글이에요.

노래를 부르는 것처럼 리듬이 느껴져요.

동시는 반복되는 말이나 재미있는 말을 쓰기도 해서 동시를 읽으면 노래를 부르는 듯한 리듬이 느껴져요.

짧은 말로 나타내요.

동시는 자세하고 길게 쓰는 줄글에 비해 내용을 짧게 나타내요.

◉ 알맞은 것에 ○표를 하세요.

동시에는 행과 연이 있다.	○
동시에는 하루 동안 겪은 일 중 기억에 남는 일을 쓴다.	

해설 동시는 행과 연으로 이루어집니다. 하루 동안 겪은 일 중 기억에 남는 일을 쓴 글은 일기입니다.

◉ 알맞게 선으로 이으세요.

행	●——●	동시의 한 줄.
연	●——●	여러 행을 묶은 덩어리.

해설 동시에서 한 줄을 행이라고 하고, 여러 행을 묶은 덩어리를 연이라고 합니다.

◉ 알맞은 말에 ○표를 하세요.

동시는 자세하고 긴 줄글에 비해 내용을 (길게 , 짧게) 나타낸다.

해설 동시는 자세하고 긴 줄글에 비해 내용을 짧게 나타냅니다.

1 청소할 때 필요한 물건에 대한 설명으로 알맞지 **않은** 것은 무엇인가요? (②) » ········· 사회

① 먼지떨이: 먼지를 떨 때 쓰는 물건이다.
② 빗자루: 바닥의 더러운 것을 닦을 때 쓰는 물건이다.
③ 걸레: 가구나 물건의 더러운 것을 닦을 때 쓰는 물건이다.
④ 쓰레받기: 빗자루로 쓴 쓰레기를 받아 낼 때 쓰는 물건이다.
⑤ 청소기: 먼지나 띠끌을 빨아들일 수 있는 청소를 할 때 쓰는 기계이다.

해설 빗자루는 먼지나 쓰레기를 쓸어 낼 때 쓰는 물건입니다.

2 다음 중 두들겨서 소리를 내는 악기로 알맞은 것의 기호를 쓰세요. » ········· 사회

| ㉮ 오르간 | ㉯ 탬버린 | ㉰ 플루트 | ㉱ 바이올린 |

(㉯)

해설 두들겨서 소리를 내는 악기는 탬버린입니다. 오르간은 건반을 눌러 소리를 내는 악기, 플루트는 나무나 금속으로 된 관을 불어서 소리를 내는 악기, 바이올린은 활로 줄을 켜거나 손으로 퉁겨서 소리를 내는 악기입니다.

3 다음 설명에 알맞은 말을 쓰세요. » ········· 사회

• 조선 세종 때의 과학자이다.
• 혼천의, 앙부일구, 자격루, 측우기 등을 만든 사람이다.

(장영실)

해설 혼천의, 앙부일구, 자격루, 측우기 등을 만든 조선 세종 때의 과학자는 장영실입니다.

4 앙부일구에 대한 설명으로 알맞은 것에 ○표를 하세요. » ········· 사회

(1) 물을 이용하여 시간을 알려준다. ( )
(2) 솥뚜껑을 뒤집어 놓은 듯한 모습이다. (○)
(3) 시간과 절기를 알 수 있게 만든 물시계이다. ( )

해설 앙부일구는 솥뚜껑을 뒤집어 놓은 듯한 모습으로 된 시간과 절기를 알 수 있게 만든 해시계입니다. 물을 이용하여 시간을 알려주는 물시계는 자격루입니다.

▶ 정답과 해설 13쪽

5 집에서 안전하게 생활하기 위해 주의할 점을 **잘못** 말한 친구의 이름을 쓰세요. » ········· 안전

민준: 다리미는 사용한 뒤에 바로 식기 때문에 넓은 면을 만져도 위험하지 않아.
희영: 음식을 만들 때 쓰는 뾰족한 가위나 날카로운 칼에 손을 베일 수 있기 때문에 조심해야 해.
지유: 뜨거운 물이 든 컵이나 국이 든 그릇에 데지 않도록 식은 뒤에 만져야 해.

(민준)

해설 다리미를 사용한 뒤에 뜨거워진 넓은 면은 천천히 식기 때문에 만지면 델 수 있으므로 조심해야 합니다.

6 다음 설명에 알맞은 말을 쓰세요. » ········· 과학

• 식물의 줄기 끝이나 둘레에 붙어 있는 것이다.
• 봄에는 연한 초록이었다가 여름에는 진한 초록으로 변한다.
• 가을이 되면 알록달록해지며 겨울이 다가오면 말라서 많이 떨어진다.

(잎)

해설 식물의 줄기 끝이나 둘레에 붙어 있는 것은 잎입니다. 봄에는 연한 초록이었다가 여름에는 진한 초록으로 변합니다. 가을이 되면 알록달록해지며 겨울이 다가오면 말라서 많이 떨어집니다.

7 다음 빈칸에 들어갈 알맞은 말을 각각 쓰세요. » ········· 과학

가을에 붉은빛이나 누런빛으로 단풍이 든 잎은 ⊙ 이고, 겨울이 다가와 말라서 떨어진 잎은 ⓒ 이다.

(1) ⊙: (단풍잎) (2) ⓒ: (낙엽)

해설 가을에 붉은빛이나 누런빛으로 단풍이 든 잎은 단풍잎이고, 겨울이 다가와 말라서 떨어진 잎은 낙엽입니다.

8 곤충에 대한 설명으로 알맞지 **않은** 것은 무엇인가요? (③) » ········· 과학

① 세 쌍의 다리가 가슴에 있다.
② 배는 여러 마디로 나뉘어 있다.
③ 가슴에 세 쌍의 날개가 붙어 있다.
④ 몸이 머리, 가슴, 배로 나누어져 있다.
⑤ 머리에는 냄새를 맡을 수 있는 더듬이가 있다.

해설 곤충의 날개는 두 쌍입니다.

9 다음 설명에 알맞은 말을 보기 에서 골라 기호를 쓰세요. » ········ ◯과학

- 다른 동물의 눈에 띄지 않도록 주위와 비슷하게 바꾸는 몸의 색깔을 말한다.
- 다른 동물의 공격을 피하고 자신의 몸을 보호할 수 있다.
- 나비 애벌레, 청개구리, 카멜레온은 이것으로 자신을 보호한다.

보기
㉮ 공격색　　　㉯ 보호색　　　㉰ 안전색

(　㉯　)

해설 다른 동물의 눈에 띄지 않도록 주위와 비슷하게 바꾸는 몸의 색깔을 보호색이라고 합니다. 다른 동물의 공격을 피하고 자신의 몸을 보호할 수 있습니다. 그리고 나비 애벌레, 청개구리, 카멜레온은 보호색으로 자신을 보호합니다.

10 다음 설명에 알맞은 말을 쓰세요. » ········ ◯과학

- 방향을 알려주는 도구이다.
- 파란색 바늘은 남쪽을 가리키고, 빨간색 바늘은 북쪽을 가리킨다.

(　나침반　)

해설 파란색 바늘이 남쪽을 가리키고 빨간색 바늘이 북쪽을 가리키는, 방향을 알려주는 도구는 나침반입니다.

11 다음 그림지도를 보고 ㉠~㉣에 동서남북을 알맞게 쓰세요. » ········ ◯과학

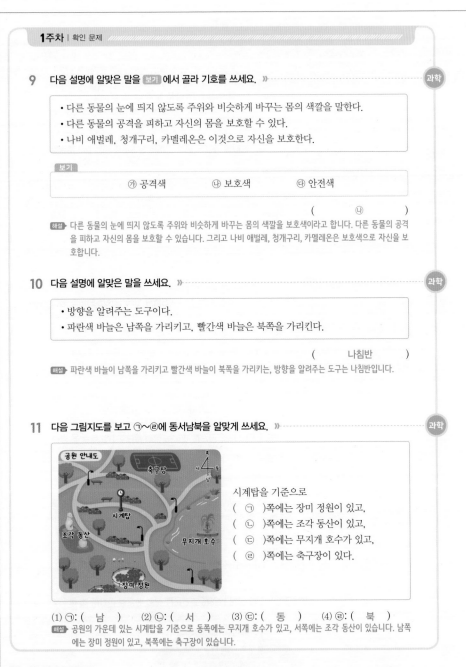

시계탑을 기준으로
(㉠)쪽에는 장미 정원이 있고,
(㉡)쪽에는 조각 동산이 있고,
(㉢)쪽에는 무지개 호수가 있고,
(㉣)쪽에는 축구장이 있다.

(1) ㉠: (　남　)　(2) ㉡: (　서　)　(3) ㉢: (　동　)　(4) ㉣: (　북　)
해설 공원의 가운데 있는 시계탑을 기준으로 동쪽에는 무지개 호수가 있고, 서쪽에는 조각 동산이 있습니다. 남쪽에는 장미 정원이 있고, 북쪽에는 축구장이 있습니다.

---

12 다음 문장에서 꾸며 주는 말을 찾아 쓰세요. » ········ ◯국어

나비가 나풀나풀 날아요.

(　나풀나풀　)

해설 '나풀나풀'이 뒤에 오는 말인 '날아요'를 자세하게 꾸며 주고 있습니다.

13 문장을 띄어 읽는 방법으로 알맞은 것에 모두 ◯표를 하세요. » ········ ◯국어

(1) 낱말과 낱말 사이에서 모두 쉬어 읽는다. 　　　　　(　　)
(2) 문장과 문장 사이에서는 길게 쉬어 읽는다. 　　　　(◯)
(3) 한 문장은 앞부분과 뒷부분으로 나누어 읽는다. 　(◯)
해설 한 문장은 앞부분과 뒷부분으로 나누어 읽으며, 문장 부호 뒤에서는 조금 쉬어 읽고 문장과 문장 사이에서는 길게 쉬어 읽습니다.

14 띄어 읽기 표시가 알맞지 않은 것은 무엇인가요? (　④　) » ········ ◯국어

① 민주,∨방에 들어가자!
② 우리 가족은∨한강에 갔어요.
③ 빵을 먹고,∨주스를 마셨어요.
④ 내 책가방이 무슨 색이냐고요?∨보라색이에요.
⑤ 안경을 쓴 아저씨가∨파란색 자전거를 타고 있어요.
해설 '내 책가방이 무슨 색이냐고요? ⋁보라색이에요.'와 같이 문장과 문장 사이에는 ⋁를 사용합니다.

15 다음은 동시의 특징입니다. 빈칸에 알맞은 말을 보기 에서 골라 기호를 쓰세요. » ········ ◯국어

- 동시는 　㉠　 을/를 위해 쓴 시이다.
- 동시를 읽으면 노래를 부르는 것처럼 리듬이 느껴진다.
- 동시는 　㉡　 말로 나타낸다.

보기
㉮ 어른　　㉯ 어린이　　㉰ 긴　　㉱ 짧은

(1) ㉠: (　㉯　)　　　(2) ㉡: (　㉱　)
해설 동시는 어린이를 위해 쓴 시로, 동시를 읽으면 노래를 부르는 것처럼 리듬이 느껴집니다. 그리고 동시는 줄글과는 다르게 짧은 말로 나타냅니다.

1주차
정리 학습

사회 깨끗이 청소해요

걸레

청소기

사회 음악을 연주하는 악기

플루트

바이올린

캐스터네츠

안전 집에서 안전하게 생활해요

다리미

전기밥솥

과학 계절에 따라 옷을 입는 잎

낙엽

단풍잎

과학 여러 가지 곤충

잠 자 리

매 미

사 슴 벌 레

국어 자세하고 실감 나게 꾸며 주는 말

꿀 꺽 꿀 꺽

과학 네 방향 동서남북

북

서

동

남

북
서 동
남

국어 알맞게 띄어 읽어요

'노랑아,∨빨리 들어가자.'로
띄어 읽어야 해

노랑이

'노랑아,∨빨리 들어가∨자.'로
띄어 읽어야 해

분홍이

띄 어 읽 기

'노랑아,∨빨리 들어가∨자.'로
띄어 읽어야 해

초록이

파랑이

2
주차

정답과 해설

여러 가지 직업

직업이란 살아가는 데 필요한 여러 가지를 얻기 위해 하는 일정한 일을 말해요. 사람들은 왜 직업을 가질까요? 생활에 필요한 돈을 벌 수 있기 때문이에요. 그리고 일을 하면서 행복과 보람을 느낄 수 있기 때문이지요. 세상에는 다양한 직업이 있어요. 경찰관, 교사, 농부, 소방관처럼 우리가 잘 알고 있는 직업도 있고, 음악 치료사, 스포츠 기록 분석 연구원과 같은 직업도 있답니다.

Tip
직업은 없어지기도 하고, 새롭게 생기기도 합니다.

경찰관
사람들이 질서를 지키고, 안전하게 사는 데 도움을 주는 일을 해요.

교사
아이들을 가르치는 일을 해요.

이해 세상에는 여러 가지 □□이 있어요.
직업

직업 더 알아보기

소방관
불이 나지 않도록 예방하고, 불을 끄는 일을 해요. 그리고 응급 환자를 실어 옮기거나 인명 구조 등 여러 가지 일을 해요.

음악 치료사
음악으로 사람의 몸과 마음을 치료하는 일을 해요.

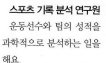

스포츠 기록 분석 연구원
운동선수와 팀의 성적을 과학적으로 분석하는 일을 해요.

오늘날과 비슷한 옛날의 직업은?

오늘날 버스나 택시를 운전하는 기사님처럼 옛날에는 수레에 사람을 태우고 다니던 인력거꾼이 있었어요.

◉ 알맞은 말에 ○표를 하세요.

살아가는 데 필요한 여러 가지를 얻기 위해 하는 일정한 일을 ((직업), 행복)이라고 한다.

해설 살아가는 데 필요한 여러 가지를 얻기 위해 하는 일정한 일을 직업이라고 합니다.

◉ 알맞은 것에 ○표를 하세요.

| 모든 직업을 다 알 수 있다. | |
| 일을 하면서 행복과 보람을 느낄 수 있다. | ○ |

해설 경찰관, 교사, 농부, 소방관처럼 우리가 잘 아는 직업도 있고, 음악 치료사, 스포츠 기록 분석 연구원과 같은 직업도 있습니다. 모든 직업을 다 알 수는 없습니다.

◉ 알맞게 선으로 이으세요.

| 음악 치료사 | 운동선수와 팀의 성적을 과학적으로 분석하는 일을 한다. |
| 스포츠 기록 분석 연구원 | 음악으로 사람의 몸과 마음을 치료하는 일을 한다. |

해설 음악 치료사는 음악으로 사람의 몸과 마음을 치료하는 일을, 스포츠 기록 분석 연구원은 운동선수와 팀의 성적을 과학적으로 분석하는 일을 합니다.

1회 ②

흥겨운 풍물놀이

예로부터 우리 조상들은 주로 농사를 지으며 살았어요. 그 때는 지금처럼 농사를 짓는 데 쓰는 기구가 발달하지 않았기 때문에 일하는 게 많이 힘들었지요. 그래서 농촌에서는 여러 악기들을 연주하면서 노래도 부르고 춤도 추는 풍물놀이를 함께 즐기며 힘든 것을 잊고, 즐겁게 일할 수 있었어요.

이러한 풍물놀이는 농사를 시작할 때나 추수를 할 때 많이 즐겼다고 해요.

農者天下之大本

Tip
풍년이 들기를 바라는 마음, 햇곡식과 햇과일을 거두어들인 것에 감사하는 마음을 담아 풍물놀이를 하기도 합니다.

풍물놀이
태평소, 꽹과리, 장구, 징 등의 악기를 연주하면서 노래 부르고 춤추는 우리 고유의 음악이에요.

이해 ▶ □□□□는 음악, 노래, 춤이 한데 어우러져서 흥겨운 우리 음악이에요.
풍물놀이

풍물놀이에 쓰이는 주요 악기

태평소
나팔 모양으로 된, 입으로 불어 소리를 내는 악기예요. 나무로 만든 관에는 여덟 개의 구멍이 있어요.

꽹과리
둥근 쟁반 모양으로 징보다 작아요. 채로 쳐서 소리를 내는 악기예요.

장구
절구 모양과 비슷한 나무통의 양쪽에 가죽을 대어 채로 쳐서 소리를 내는 악기예요.

징
둥근 쟁반 모양으로 손으로 들거나 틀에 매달아 둥근 채로 쳐서 소리를 내는 악기예요.

◉ 다음 설명에 알맞은 말을 쓰세요.

• 악기 연주와 노래, 춤이 어우러진 우리 고유의 음악이다.
• 태평소, 꽹과리, 장구, 징 등의 악기가 필요하다.
• 농사를 시작할 때나 추수를 할 때 많이 즐겼다.

풍	물	놀	이

해설 풍물놀이는 태평소, 꽹과리, 장구, 징 등의 악기 연주와 노래, 춤이 어우러진 우리 고유의 음악입니다. 농사를 시작할 때나 추수를 할 때 많이 즐겼습니다.

◉ 풍물놀이에 쓰이는 악기에 모두 ○표를 하세요.

(꽹과리)	가야금	(징)
바이올린	(태평소)	피아노

해설 풍물놀이에는 태평소, 꽹과리, 장구, 징 등의 악기가 쓰입니다.

◉ 알맞게 선으로 이으세요.

태평소 — 입으로 불어 소리를 내는 악기이다.

꽹과리 — 채로 쳐서 소리를 내는 악기이다.

해설 태평소는 나팔 모양으로 된, 입으로 불어 소리를 내는 악기입니다. 그리고 꽹과리는 둥근 쟁반 모양으로 징보다 작고, 채로 쳐서 소리를 내는 악기입니다.

2회 ①

건강을 위해 지키는 개인위생

개인위생이란 개인의 건강을 지키기 위해 생활에서 실천해야 하는 여러 행동을 말해요. 감기나 눈병, 장염 같은 병은 다른 사람에게 퍼트리기 쉬운 병이에요. 나에게 있는 병균이나 오염물 때문에 다른 사람이 병에 걸릴 수도 있기 때문이에요. 또 식중독도 조심해야 하지요. 개인위생은 나와 다른 사람들을 위해서 잘 지키는 것이 중요해요. 그러면 꼭 지켜야 할 개인위생이 무엇인지 알아볼까요?

기침이 나오면
옷소매로 입과 코를 가려야 해요.

마스크는
감기, 독감, 코로나에 걸리게 하는 병균이나 먼지가 입이나 코에 들어가지 않도록 써야 해요.

손에는
더러운 세균이 쉽게 묻기 때문에 흐르는 물에 비누로 꼼꼼하게 30초 이상 깨끗이 씻어야 해요.

Tip 건강을 위한 가장 기본은 손씻기입니다.

이해 나의 건강을 위해서, 그리고 다른 사람의 건강을 위해서 □□□□을 잘 지켜야 해요.
개인위생

식중독에 대해 알아보기

식중독이란?

상하거나 오염된 음식을 먹었을 때 생기는 병으로, 토하거나 설사를 하며 배가 아픈 병이에요.

식중독을 예방하려면?

음식을 만들기 전에는 손을 깨끗이 씻어야 해요. 그리고 음식을 만드는 데 쓰는 도구들은 뜨거운 물로 깨끗하게 씻은 뒤에 사용해야 해요.

음식은 냉장고에 보관해야 해요. 그리고 냉장고에 보관한 음식은 되도록 빨리 먹어야 해요.

고기나 생선은 꼭 익혀 먹어야 해요. 그리고 과일과 채소는 깨끗이 씻어 먹어야 해요.

◉ 다음 설명에 알맞은 말을 쓰세요.

• 개인의 건강을 지키기 위해 생활에서 실천해야 하는 여러 행동을 말한다.
• 나뿐만 아니라 다른 사람을 위해서도 필요하다.

| 개 | 인 | 위 | 생 |

해설 개인의 건강을 지키기 위해 생활에서 실천해야 하는 여러 행동을 개인위생이라고 합니다. 개인위생은 나뿐만 아니라 다른 사람을 위해서도 필요한 것입니다.

◉ 알맞은 것에 ○표를 하세요.

| 손은 더러운 것이 묻었을 때만 씻는다. | |

| 독감에 걸리지 않도록 마스크를 쓴다. | ○ |

해설 더러운 세균이 쉽게 묻는 손은 자주 씻어야 합니다. 그리고 반드시 흐르는 물에 비누로 30초 이상 꼼꼼하게 씻어야 합니다.

◉ 알맞은 말에 ○표를 하세요.

식중독을 예방하려면 음식은 (식탁 위 , (냉장고))에 보관하고, 되도록 빨리 먹어야 한다.

해설 음식을 식탁 위에 두면 쉽게 상할 수 있기 때문에 반드시 냉장고에 보관하고 되도록 빨리 먹어야 합니다.

다쳤을 때 응급 치료를 해요

학교나 밖에서 친구들과 놀다가 내가 또는 친구가 심하게 다쳤을 때 어떻게 해야 할까요? 빠른 응급 치료가 필요해요. 응급 치료란 사고로 상처가 났을 때 병원에 가기 전 간단한 치료를 하는 것을 말해요. 응급 치료를 잘하면 상처가 빨리 나을 수 있어요. 상황에 따라 목숨을 구할 수도 있지요.

간단한 응급 치료 방법을 알아두면 큰 도움이 된답니다. 함께 알아볼까요?

뜨거운 것에 데었을 때
흐르는 찬물로 덴 곳의 열을 식히고 연고를 발라요.

상처가 났을 때
흐르는 물로 상처 난 곳을 씻고, 피가 멈추면 연고를 발라요.

Tip
더러운 손으로 상처를 만지면, 상처가 덧날 수 있습니다.

이해 ▶ 학교에서 다쳤을 때는 보건실에서 보건 선생님께 □□ □□를 받을 수 있어요.
응급 치료

응급 치료 방법 더 알아보기

미끄러운 곳에서 넘어졌을 때
다친 데가 없는지 살피면서 천천히 일어나야 해요.

뾰족한 것에 찔렸을 때
뾰족한 것을 뽑고 소독을 한 뒤에 연고를 발라야 해요.

눈에 티끌이 들어갔을 때
눈을 비비지 말고, 눈을 빠르게 깜빡이면 돼요.

혀를 깨물었을 때
입안 다친 쪽에 얼음을 물고 피가 멈추기를 기다려야 해요.

◎ 알맞게 선으로 이으세요.

| 상처가 났을 때 | ── | 흐르는 물로 상처 난 곳을 씻고, 피가 멈추면 연고를 바른다. |
| 혀를 깨물었을 때 | ── | 입안 다친 쪽에 얼음을 물고 피가 멈추기를 기다린다. |

해설 ▶ 상처가 났을 때는 흐르는 물로 상처 난 곳을 씻고 연고를 바릅니다. 그리고 혀를 깨물었을 때는 입안 다친 쪽에 얼음을 물고 피가 멈추기를 기다립니다.

◎ 알맞은 것에 ○표를 하세요.

| 눈에 티끌이 들어갔을 때는 눈을 비빈다. | □ |
| 미끄러운 곳에서 넘어졌을 때는 천천히 일어난다. | ○ |

해설 ▶ 눈에 티끌이 들어갔을 때는 눈을 비비지 말고, 빠르게 깜빡이면 됩니다. 눈물에 씻겨 저절로 나가게 하는 것입니다.

◎ 알맞은 말에 ○표를 하세요.

뜨거운 것에 데었을 때는 흐르는 (찬물), 더운물)로 덴 곳의 열을 식혀야 한다.

해설 ▶ 뜨거운 것에 데었을 때는 흐르는 찬물로 덴 곳의 열을 식혀야 합니다.

국어

▶ 정답과 해설 23쪽

여러 가지 감정

예리는 지호와 싸웠어요. 서로 자기 생각이 옳다고 우겼거든요. 예리와 지호는 둘 다 화가 나서 서로 쳐다보지도 않았지요. 하지만 시간이 갈수록 서로에게 미안한 마음이 들고, 슬픈 마음도 들었어요. 예리는 지호가 계속 말을 하지 않을까 봐 걱정이 되었어요. 그래서 용기를 내어 사과했어요. 두 사람은 다시 친하게 지낼 수 있게 되어서 기뻤어요.

이처럼 어떤 일에 대해 느끼는 마음을 감정이라고 해요.

화나다
마음이 섭섭하고 좋지 않아 화가 왈칵 날 때 느끼는 감정이에요.

기쁘다
마음이 흐뭇하고 만족스러울 때 느끼는 감정이에요.

Tip 어떤 일에 대해 느끼는 마음인 감정은 정확한 말로 잘 표현하는 것이 중요합니다.

이해 화나고 슬프고 미안하고 기쁜 마음을 □□이라고 해요.
감정

감정을 나타내는 말

신나다
어떤 일에 흥이 나거나 흥분이 되어 기분이 매우 좋아질 때 느끼는 감정이에요.

슬프다
마음이 아프고 괴로울 때 느끼는 감정이에요.

부끄럽다
매우 수줍거나 잘못을 저질렀을 때 느끼는 감정이에요.

무섭다
겁이 나거나 마음이 불안할 때 느끼는 감정이에요.

◉ 알맞은 말에 ○표를 하세요.

어떤 일에 대해 느끼는 마음을 ((감정), 감상)이라고 한다.

해설 어떤 일에 대해 느끼는 마음을 감정이라고 합니다.

◉ 알맞게 선으로 이으세요.

| 기쁘다 | | 마음이 아프고 괴로울 때 느끼는 감정이다. |
| 슬프다 | | 마음이 흐뭇하고 만족스러울 때 느끼는 감정이다. |

해설 '기쁘다'는 마음이 흐뭇하고 만족스러울 때 느끼는 감정이고, '슬프다'는 마음이 아프고 괴로울 때 느끼는 감정입니다.

◉ 다음 설명에 알맞은 말을 쓰세요.

겁이 나거나 마음이 불안할 때 느끼는 감정이다.

| 무 | 섭 | 다 |

해설 겁이 나거나 마음이 불안할 때 느끼는 감정은 '무섭다'입니다.

3회 ②

생활 모습을 그린 화가들

수업 시간에 우리의 생활 모습을 그림으로 나타내는 활동을 했어요. 친구들과 운동장에서 공 차기, 마트에서 부모님과 장 보기 등이 우리의 생활 모습이지요.

옛날에도 생활 모습을 그린 화가들이 있었어요. 우리나라에는 씨름하는 모습이나 벼를 타작하는 모습 등을 그린 김홍도가 있어요. 프랑스에는 농촌에서 씨를 뿌리거나 이삭을 줍는 모습을 그린 밀레가 있지요.

Tip
김홍도가 서민들의 생활 모습을 그린 그림을 '풍속화'라고 합니다.

밀레
농촌의 풍경과 생활 모습을 그린 프랑스의 화가예요.

김홍도
서민들의 생활 모습을 생생하고 재미있게 그린 우리나라의 화가예요.

[이해] 우리나라의 화가 김홍도와 프랑스의 화가 밀레의 공통점은 □□ □□을 그렸다는 것이에요.
생활 모습

김홍도가 그린 그림 알아보기

〈씨름〉
우리 고유 운동인 씨름을 하고 있는 두 사람과 빙 둘러싸고 구경하는 여러 사람들의 모습을 그린 그림이에요.

〈벼 타작〉
감독하는 사람은 누워서 빈둥거리고 있고, 일꾼들은 열심히 벼의 낟알을 떨어내는 모습을 그린 그림이에요.

〈서당〉
옛날에 공부를 가르치던 곳인 서당의 모습을 그린 그림이에요. 오늘날 선생님과 같은 훈장님 앞에서 훌쩍거리는 아이, 킥킥 웃는 아이의 모습이 재미있게 나타나 있어요.

밀레가 그린 그림은?

밀레가 그린 그림으로는 〈이삭 줍는 여인들〉, 〈씨 뿌리는 사람〉, 〈만종〉, 〈감자〉 등이 있어요.

◉ 김홍도와 밀레의 공통점에 ○표를 하세요.

| 생활 모습을 그렸다. | ○ |
| 상상 속의 인물을 그렸다. | |

[해설] 김홍도와 밀레는 둘 다 생활 모습을 그린 화가입니다.

◉ 다음 설명에 알맞은 말을 쓰세요.

- 우리나라의 화가이다.
- 서민들의 생활 모습을 생생하고 재미있게 그렸다.

| 김 | 홍 | 도 |

[해설] 우리나라의 화가이며, 서민들의 생활 모습을 생생하고 재미있게 그린 사람은 김홍도입니다.

◉ 알맞은 말에 ○표를 하세요.

프랑스의 화가 밀레가 그린 그림은 (〈씨름〉, 〈이삭 줍는 여인들〉)이다.

[해설] 프랑스의 화가 밀레가 그린 그림은 〈이삭 줍는 여인들〉입니다. 〈씨름〉은 우리나라의 화가 김홍도가 그린 그림입니다.

생활에 필요한 일기 예보

비, 눈, 바람, 기온 등 그날의 날씨를 미리 알면 좋은 점이 많아요. 알맞게 옷을 입을 수 있고, 여행이나 소풍을 가기 전 제대로 계획할 수 있어요. 그리고 논밭에서 농사를 짓거나 바다에 나가 고기를 잡는 일에도 큰 도움이 돼요. 큰 피해를 주는 태풍이나 장마에도 미리 대비할 수도 있어요.

이처럼 날씨를 미리 짐작하여 알려 주는 일기 예보는 우리 생활에 큰 도움을 줍니다.

일기 예보
날씨를 미리 짐작하여 알려 주는 것을 말해요.

Tip 요즘에는 황사나 미세 먼지에 대해서도 일기 예보를 합니다.

이해 운동회 전날에는 꼭 □□ □□를 보고 날씨를 확인하게 돼요.
일기 예보

일기 예보에 알맞은 행동

비가 많이 내린다고 하면 홍수를 막기 위해 강둑에 모래주머니를 쌓아야 해요.

태풍이 온다고 하면 지붕은 바람에 날아가지 않게 고치고, 간판은 떨어지지 않게 단단히 묶어야 해요.

〇〇 맛집

눈이 많이 내린다고 하면 쌓인 눈에 집이 무너지지 않도록 지붕이나 비닐하우스 등을 미리 살펴보아야 해요.

기상청에서 하는 일

기상청에서는 여러 장비들을 활용하여 기온, 습도, 강수량, 공기 상태 등을 관찰하고 측정해요. 이러한 자료들을 분석한 뒤에 일기 예보를 텔레비전이나 라디오 등 여러 곳에 발표해요. 그리고 기후 변화, 지진이나 화산, 우주의 기상 등 여러 가지를 연구하지요. 이러한 내용들은 우리 생활 여러 곳에서 쓰이고 있답니다.

◉ 다음 설명에 알맞은 말을 쓰세요.

- 날씨를 미리 짐작하여 알려 주는 것을 말한다.
- 농사를 짓거나 고기를 잡는 일에도 큰 도움이 된다.
- 태풍이나 장마에도 미리 대비할 수 있다.

| 일 | 기 | 예 | 보 |

해설 일기 예보는 미리 날씨를 짐작하여 알려 주는 것입니다. 농사를 짓거나 고기를 잡는 일에도 큰 도움이 됩니다. 그리고 태풍이나 장마를 미리 대비할 수 있게 합니다.

◉ 알맞은 것에 ○표를 하세요.

| 눈이 많이 내린다는 일기 예보가 있을 때는 미리 물을 뿌린다. | □ |

| 비가 많이 내린다는 일기 예보가 있을 때는 홍수를 막기 위해 강둑에 모래주머니를 쌓는다. | ○ |

해설 눈이 많이 내린다는 일기 예보가 있을 때는 쌓인 눈에 집이 무너지지 않게 지붕이나 비닐하우스 등을 미리 살펴보아야 합니다.

◉ 알맞은 말에 ○표를 하세요.

일기 예보를 발표하고, 날씨와 기후를 연구하는 곳은 (철도청 , 기상청)이다.

해설 기상청은 일기 예보를 발표하고, 날씨와 기후를 연구하는 곳입니다.

4회 ②

소개하는 글을 써요

지운이는 포도를 좋아해요. 그런데 주변에 포도를 좋아하는 친구들이 많지 않아요. 그래서 좋아하는 과일인 포도의 모양과 색깔, 맛에 대해 다른 사람들에게 알리고 싶어서 글을 썼어요. 이렇게 사람이나 물건에 대해 다른 사람에게 알려 주는 글을 소개하는 글이라고 해요. 소개하는 글에는 대상의 특징이 잘 나타나 있기 때문에 소개하는 글을 읽으면 대상에 대해 잘 알 수 있어요.

내가 좋아하는 과일은 포도예요.
　　　　　　　　　소개할 대상
둥근 알갱이가 여러 개 모여서 하나의 포도송이를 이루어요.
　　　　　　　　　　　　　　　특징❶ 모양
색깔은 보라색인 것이 많지만 연두색인 것도 있어요.
　　　　특징❷ 색깔
포도 껍질을 벗기면 말랑말랑한 포도알이 있어요.

한 알씩 떼어서 한입에 쏙 넣으면 달콤한 맛이 나요.
　　　　　　　　　　　　　　　특징❸ 맛

Tip
소개하는 글을 쓸 때는 읽을 사람이 잘 이해할 수 있도록 쉽고 정확한 낱말을 사용해야 합니다.

> **소개할 대상의 특징**
> ❶ 모양: 둥근 알갱이가 여러 개 모여서 하나의 포도 송이를 이룬다.
> ❷ 색깔: 보라색, 연두색
> ❸ 맛: 달콤하다.

이해 다른 사람에게 어떤 대상에 대해 알려 주고 싶을 때는 □□하는 글을 쓰면 돼요.
　　　　　　　　　　　　　　　　　　　　　　소개

소개할 대상

장난감이나 학용품과 같이 주변에 있는 물건을 소개할 수도 있고, 가족이나 친구와 같이 사람을 소개할 수도 있어요. 또 음식이나 읽은 책, 좋아하는 동물을 소개할 수도 있어요.

소개하는 글을 쓰는 방법

> **소개할 대상을 정해요.**

평소에 잘 알고 있거나 관심이 있는 대상이거나 다른 사람들이 흥미 있어할 만한 대상을 정해요.

> **소개할 대상의 특징을 찾아보아요.**

소개할 대상의 모양이나 크기, 냄새, 맛 등을 떠올려 정리해요. 사람을 소개할 때는 이름이나 좋아하는 것, 잘하는 것 등 그 사람의 특징을 떠올려 정리해요.

> **중요한 특징이 잘 드러나게 글을 써요.**

소개할 대상에 대해 정리한 내용 중에서 중요한 특징을 골라 자세하게 써요.

소개하는 글을 쓸 때 주의할 점

정확한 내용을 써야 해요.

대상의 특징을 쓴 글이므로 정확한 내용인지 확인해야 해요.

쉽고 자세하게 써야 해요.

정리한 내용을 바탕으로 대상의 특징이 잘 드러나도록 쉽고 자세하게 써야 해요.

◉ 다음에서 설명하는 것은 무엇인지 쓰세요.

> 사람이나 물건에 대해 다른 사람에게 알려 주는 글이다.

| 소 | 개 | 하 | 는 | | 글 |

해설 사람이나 물건에 대해 다른 사람에게 알려 주는 글은 소개하는 글입니다.

◉ 알맞은 말에 ○표를 하세요.

> 소개하는 글을 쓸 때는 소개할 대상을 정한 다음, 대상의 (생각 , 특징)이 잘 드러나게 쓴다.

해설 소개하는 글은 대상의 특징을 다른 사람에게 알려 주는 글입니다.

◉ 소개하는 글을 쓸 때 주의할 점에 ○표를 하세요.

| 대상의 특징을 자세하게 써야 한다. | ○ |
| 대상에 대한 내용을 어렵게 써야 한다. | |

해설 소개하는 글을 쓸 때는 대상에 대한 내용을 쉽고 자세하게 써야 합니다.

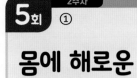

5회 ①

몸에 해로운 황사와 미세 먼지

요즘 일기 예보에서는 날씨뿐만 아니라 황사나 미세 먼지에 대해서도 알려 주어요. 황사나 미세 먼지가 심한 날에는 되도록 외출을 하지 말고 자가용 이용을 줄이는 게 좋아요. 왜냐하면 몸에 해롭기 때문이에요. 황사는 자연적으로 생긴 먼지이기 때문에 막을 수 없지만, 미세 먼지는 우리가 노력하면 줄일 수 있어요. 지구의 환경을 위해 가까운 거리는 걸어 다니고, 먼 거리는 대중교통을 이용하도록 해요.

황사
중국 사막에서 우리나라로 불어오는 누렇고 작은 모래 먼지예요.

미세 먼지
눈에 보이지 않는 아주 작은 먼지예요.

Tip
황사나 미세 먼지로 기침이나 눈병 등이 생길 수 있습니다.

[이해] □□는 자연적으로 생긴 먼지이고, □□ □□는 사람이 환경을 오염시켜서 생긴 먼지예요.
황사   미세 먼지

60 배경지식이 문해력이다

황사와 미세 먼지

황사는 중국의 모래 먼지인데, 바람을 타고 우리나라로 오는 자연 현상을 말하기도 해요. 그러나 미세 먼지는 공장이나 가정, 자동차에서 나오는 오염 물질이 몸에 해로운 먼지로 변한 거예요.

황사나 미세 먼지가 심한 날 안전하게 생활하기

| 되도록 밖에 나가지 말고, 집 안에 머무는 것이 좋아요. |

외출할 때는 마스크를 쓰고, 몸을 가리는 긴 옷을 입는 것이 좋아요.

외출했다가 집에 돌아오면 얼굴과 손발을 깨끗이 씻고, 양치질도 하는 것이 좋아요.

◉ 알맞은 말에 각각 ○표를 하세요.

중국 사막에서 우리나라로 불어오는 누렇고 작은 모래 먼지는 ((황사), 미세 먼지), 눈에 보이지 않는 아주 작은 먼지는 (황사 , (미세 먼지))이다.

[해설] 중국 사막에서 우리나라로 불어오는 누렇고 작은 모래 먼지는 황사이고, 눈에 보이지 않는 아주 작은 먼지는 미세 먼지입니다.

◉ 다음 설명에 알맞은 말을 쓰세요.

• 공장이나 가정, 자동차에서 나오는 오염 물질이 몸에 해로운 먼지로 변한 것이다.
• 우리가 노력하면 줄일 수 있다.

| 미 | 세 | 먼 | 지 |

[해설] 공장이나 가정, 자동차에서 나오는 오염 물질이 몸에 해로운 먼지로 변한 것은 미세 먼지로, 우리가 노력하면 줄일 수 있습니다.

◉ 황사나 미세 먼지가 심한 날 안전하게 생활하는 방법에 ○표를 하세요.

| 밖에 나가서 오래도록 논다. | |

| 외출했다가 집에 오면 얼굴과 손발을 깨끗이 씻는다. | ○ |

[해설] 황사나 미세 먼지가 심한 날에는 되도록 밖에 나가지 말고 집 안에서 머무르는 것이 좋습니다.

2단계_2주차 61

즐거운 방학

학교에서 학기가 끝난 뒤나 학년이 끝난 뒤에는 방학을 해요. 더운 여름과 추운 겨울 동안 학교에서 수업을 안 하는 거예요. 방학이 되면 많은 것들을 경험하고 하고 싶었던 일을 할 수 있어서 좋아요. 하지만 잘못하면 시간을 헛되게 보낼 수 있답니다. 그래서 미리 방학 계획을 세우고 지키려고 노력하는 것이 중요해요. 방학 계획을 어떻게 세워야 하는지 함께 알아보아요.

방학 계획을 세울 때는
- 하고 싶은 일과 해야 할 일을 바탕으로 계획을 세워요.
- 꼭 실천할 수 있는 내용을 계획으로 세워요.
- 계획을 다 세우면 고칠 것은 없는지 살펴봐요.

Tip 방학 계획은 세우는 것도 중요하지만, 계획을 차근차근 실천하는 것이 더 중요합니다.

이해 □□을 알차게 보내기 위해서는 미리 방학 계획을 세우는 것이 좋아요.
방학

방학 계획 세우기

- 방학 계획을 세울 때는 방학 기간 전체 계획과 하루 생활 계획을 모두 세워요.
- 매일 해야 하는 일, 날을 정해서 해야 하는 일은 나누어서 표시하는 것이 좋아요.

방학 기간 전체 계획 세우기

- 여행과 같은 가족 행사는 부모님께 미리 여쭈어보아요.
- 하고 싶은 일과 해야 할 일을 생각하여 꼭 실천할 수 있는 계획을 적어요.

예

	일	월	화	수	목	금	토
8월		1 줄넘기 운동 시작	2	3	4	5 가족 여행
	6	7	8	9	10	11	12
	13	14	15	16	17	18 할머니 댁 가기	19
	20	21	22	23	24	25	26
	27	28 개학	28	30	31		

하루 생활 계획 세우기

- 꼭 실천할 수 있는 계획을 세워요.
- 취미 활동, 운동, 공부 등을 골고루 할 수 있도록 계획을 세우는 것이 좋아요.

예

민형이의 하루 계획표

◉ 다음 설명에 알맞은 말을 쓰세요.

> - 학교에서 학기가 끝난 뒤나 학년이 끝난 뒤에 하는 것이다.
> - 학교에서 수업을 안 한다.
> - 많은 것을 경험할 수 있다.

방	학

해설 방학은 학교에서 학기가 끝난 뒤나 학년이 끝난 뒤에 하는 것으로, 방학 기간 동안 학교 수업은 안 하기 때문에 많은 것을 경험할 수 있습니다.

◉ 알맞은 말에 ○표를 하세요.

> 방학 계획을 세울 때는 방학 기간 전체 계획과 (하루), 한 시간) 생활 계획을 모두 세우도록 한다.

해설 방학 계획을 세울 때는 방학 기간 전체의 계획과 하루의 생활 계획을 모두 세웁니다.

◉ 방학 계획을 잘 세운 것에 ○표를 하세요.

실천할 수 있는 내용을 방학 계획으로 세운다.	○
하고 싶은 모든 일을 모두 방학 계획으로 세운다.	

해설 방학 계획을 세울 때는 할 수 있는 내용만 담아야 합니다. 하고 싶지만 실천할 수 없는 내용은 방학 계획으로 담으면 안 됩니다.

2주차
확인 문제

1 다음 설명에 알맞은 말을 쓰세요. 》 .... 사회

> • 살아가는 데 필요한 여러 가지를 얻기 위해 하는 일정한 일을 말한다.
> • 경찰관, 교사, 농부, 소방관, 음악 치료사, 스포츠 기록 분석 연구원 등 여러 가지가 있다.

(직업)

해설 ▶ 살아가는 데 필요한 여러 가지를 얻기 위해 하는 일정한 일을 직업이라고 합니다.

2 풍물놀이에 대한 설명으로 알맞은 것에 ○표를 하세요. 》 .... 사회

(1) 풍물놀이는 악기 연주와 노래, 춤이 어우러진 현대 음악이다. ( )
(2) 태평소, 꽹과리, 장구, 징 등의 악기가 필요하다. (○)
(3) 농촌에서 동네 사람들의 생일 때마다 즐기던 놀이이다. ( )

해설 ▶ 풍물놀이는 악기 연주와 노래, 춤이 어우러진 우리 고유의 음악이며, 농사를 시작할 때나 추수를 할 때 많이 즐겼습니다.

3 알맞게 선으로 이으세요. 》 .... 사회

| 징 | | 절구 모양과 비슷한 나무통의 양쪽에 가죽을 대어 채로 쳐서 소리를 내는 악기이다. |
| 장구 | | 둥근 쟁반 모양으로 손으로 들거나 틀에 매달아 둥근 채로 쳐서 소리를 내는 악기이다. |

해설 ▶ 징은 둥근 쟁반 모양으로 손으로 들거나 틀에 매달아 둥근 채로 쳐서 소리를 내는 악기입니다. 그리고 장구는 절구 모양과 비슷한 나무통의 양쪽에 가죽을 대어 채로 쳐서 소리를 내는 악기입니다.

4 개인위생에 대해 알맞게 말하지 않은 친구의 이름을 쓰세요. 》 .... 안전

> 영수: 기침이 나올 때는 손으로 입을 가리면 돼.
> 현준: 감기나 독감에 걸리지 않도록 마스크를 꼭 쓰고 다녀야 해.
> 정민: 손에는 더러운 세균이 쉽게 묻기 때문에 비누로 자주 씻는 것이 중요해.

(영수)

해설 ▶ 기침이 나올 때는 옷소매로 입과 코를 가려야 합니다. 손에는 세균이 쉽게 묻기 때문에 기침이 나올 때 손으로 가리면 안 됩니다.

5 식중독과 예방 방법에 대한 설명으로 알맞지 <u>않은</u> 것은 무엇인가요? (①) 》 안전

① 고기나 생선은 날로 먹어야 한다.
② 토하거나 설사를 하며 배가 아픈 병이다.
③ 과일과 채소는 깨끗이 씻어 먹어야 한다.
④ 상하거나 오염된 음식을 먹었을 때 생기는 병이다.
⑤ 냉장고에 보관한 음식이라도 되도록 빨리 먹는 것이 좋다.

해설 ▶ 고기나 생선은 익혀 먹어야 식중독을 예방할 수 있습니다.

6 다음 설명에 알맞은 말을 보기 에서 골라 기호를 쓰세요. 》 .... 안전

> • 사고로 상처가 났을 때 병원에 가기 전 간단한 치료를 하는 것을 말한다.
> • 상처를 빨리 낫게 할 수 있다.

보기
| ㉮ 간단 치료 | ㉯ 응급 치료 | ㉰ 일상 치료 |

(㉯)

해설 ▶ 사고로 상처가 났을 때 병원에 가기 전 간단한 치료를 하는 것을 응급 치료라고 합니다. 응급 치료를 잘하면 상처가 빨리 나을 수 있고 상황에 따라 목숨을 구할 수도 있습니다.

7 응급 치료 방법에 대한 설명으로 알맞은 것에 모두 ○표를 하세요. 》 .... 안전

(1) 뾰족한 것에 찔렸을 때는 찬물로 씻어야 한다. ( )
(2) 눈에 티끌이 들어갔을 때는 눈을 빠르게 깜빡여야 한다. (○)
(3) 뜨거운 것에 데었을 때는 흐르는 찬물로 덴 곳의 열을 식혀야 한다. (○)

해설 ▶ 뾰족한 것에 찔렸을 때는 뾰족한 것을 뽑고 소독을 한 뒤에 연고를 바릅니다.

8 다음 빈칸에 들어갈 알맞은 말을 고르세요. 》 .... 국어

> 어떤 일에 흥이 나거나 흥분이 되어 기분이 매우 좋아질 때 느끼는 감정은 (신나다, 화나다)이다.

해설 ▶ 어떤 일에 흥이 나거나 흥분이 되어 기분이 매우 좋아질 때 느끼는 감정은 '신나다'입니다.

9 다음 그림에 대해 알맞지 않게 말한 친구의 이름을 쓰세요. » 사회

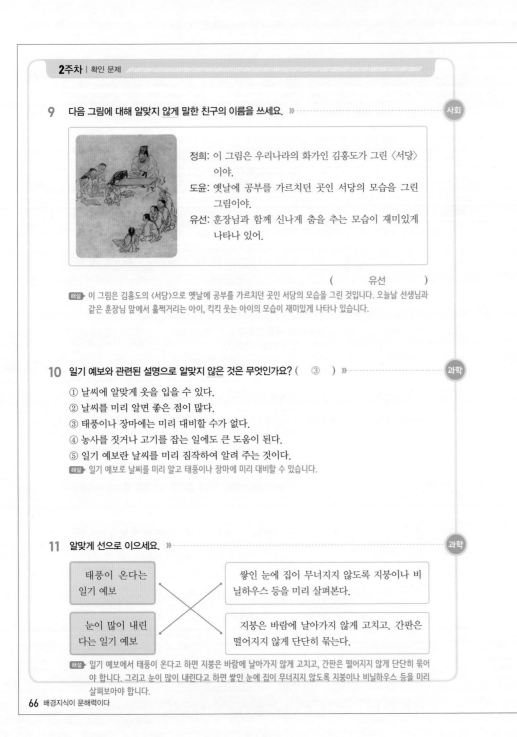

정희: 이 그림은 우리나라의 화가인 김홍도가 그린 〈서당〉이야.

도윤: 옛날에 공부를 가르치던 곳인 서당의 모습을 그린 그림이야.

유선: 훈장님과 함께 신나게 춤을 추는 모습이 재미있게 나타나 있어.

(　유선　)

해설 이 그림은 김홍도의 〈서당〉으로 옛날에 공부를 가르치던 곳인 서당의 모습을 그린 것입니다. 오늘날 선생님과 같은 훈장님 앞에서 훌쩍거리는 아이, 킥킥 웃는 아이의 모습이 재미있게 나타나 있습니다.

10 일기 예보와 관련된 설명으로 알맞지 않은 것은 무엇인가요? (③) » 과학

① 날씨에 알맞게 옷을 입을 수 있다.
② 날씨를 미리 알면 좋은 점이 많다.
③ 태풍이나 장마에는 미리 대비할 수가 없다.
④ 농사를 짓거나 고기를 잡는 일에도 큰 도움이 된다.
⑤ 일기 예보란 날씨를 미리 짐작하여 알려 주는 것이다.

해설 일기 예보로 날씨를 미리 알고 태풍이나 장마에 미리 대비할 수 있습니다.

11 알맞게 선으로 이으세요. » 과학

| 태풍이 온다는 일기 예보 | 쌓인 눈에 집이 무너지지 않도록 지붕이나 비닐하우스 등을 미리 살펴본다. |
| 눈이 많이 내린다는 일기 예보 | 지붕은 바람에 날아가지 않게 고치고, 간판은 떨어지지 않게 단단히 묶는다. |

해설 일기 예보에서 태풍이 온다고 하면 지붕은 바람에 날아가지 않게 고치고, 간판은 떨어지지 않게 단단히 묶어야 합니다. 그리고 눈이 많이 내린다고 하면 쌓인 눈에 집이 무너지지 않도록 지붕이나 비닐하우스 등을 미리 살펴보아야 합니다.

▶ 정답과 해설 30쪽

12 다음 글에서 소개하는 과일은 무엇인지 쓰세요. » 국어

둥근 알갱이가 여러 개 모여 하나의 송이를 이루어요.
색깔은 보라색인 것이 많지만 연두색인 것도 있어요.
껍질을 벗기면 말랑말랑한 알이 있어요.

(　포도　)

해설 이 글에서 소개하고 있는 과일은 포도입니다.

13 다음 글에서 ㉠과 ㉡은 각각 무엇을 소개한 것인지 보기 에서 골라 기호를 쓰세요. » 국어

내가 좋아하는 과일은 포도예요.
㉠ 포도는 둥근 알갱이가 여러 개 모여 하나의 포도송이를 이루어요.
㉡ 색깔은 보라색인 것이 많지만 연두색인 것도 있어요.
포도 껍질을 벗기면 말랑말랑한 포도알이 있어요.

보기

| ㉮ 맛 | ㉯ 크기 | ㉰ 모양 | ㉱ 색깔 |

(1) ㉠: (　㉰　)　　　　(2) ㉡: (　㉱　)

해설 ㉠은 포도의 모양, ㉡은 포도의 색깔에 대해 소개하는 내용입니다.

14 황사와 미세 먼지에 대한 설명으로 알맞은 것은 무엇인가요? (④) » 안전

① 미세 먼지는 누렇고 작은 모래 먼지이다.
② 황사는 우리나라에서 볼 수 없는 자연 현상이다.
③ 미세 먼지는 중국에서 바람을 타고 오는 것이다.
④ 미세 먼지는 눈에 보이지 않는 아주 작은 몸에 해로운 먼지이다.
⑤ 황사는 공장이나 가정, 자동차에서 나오는 오염 물질이 변한 것이다.

해설 황사는 중국의 모래 먼지가 바람을 타고 우리나라로 오는 자연 현상이고, 미세 먼지는 공장이나 가정, 자동차에서 나오는 오염 물질이 몸에 해로운 먼지로 변한 것입니다.

15 방학에 대한 설명으로 알맞은 것에 모두 ○표를 하세요. » 사회

(1) 방학 계획은 부모님께 세워 달라고 한다. (　)
(2) 꼭 실천할 수 있는 계획을 세우는 것이 좋다. (○)
(3) 방학 기간 전체 계획과 하루 생활 계획을 모두 세운다. (○)

해설 방학 계획은 스스로 세우는 것이 좋으며 혼자 세우기 어려울 경우에만 부모님의 도움을 받도록 해야 합니다.

국어　여러 가지 감정

신 나 다　　슬 프 다

부 끄 럽 다　　무 섭 다

국어　소개하는 글을 써요

내가 좋아하는 과일은 포 도 예요.

둥근 알갱이가 여러 개 모여서 하나의 송이를 이루어요.

색깔은 보라색인 것이 많지만 연두색인 것도 있어요.

한 알씩 떼어서 한입에 쏙 넣으면 달콤한 맛이 나요.

과학　생활에 필요한 일기 예보

바 람

눈

일 기 예 보

비

안전　몸에 해로운 황사와 미세 먼지

황 사

미 세 먼 지

3
주차

정답과 해설

식물의 겨울나기

식물들은 추운 겨울을 어떻게 지낼까요? 여러 모습으로 겨울을 지낸답니다. 목련, 개나리, 버드나무는 꽃이나 잎이 있던 부분이 겨울눈이 되어 지내요. 튤립은 땅속에서 알 모양의 뿌리로 지내지요. 냉이나 민들레는 땅에 붙어서 추위를 이겨내요. 그리고 소나무와 향나무는 그 모습 그대로 겨울을 지내지요. 1년만 사는 봉숭아 같은 풀꽃은 씨로 겨울을 지낸답니다.

겨울눈
나무가 겨울을 견디기 위해 나무 끝에 만든 것이에요. 그 숙에 꽃이나 잎이 될 것이 들어 있어요.

씨
싹이 터서 식물로 자랄 수 있는 것으로, 겉이 단단한 껍질로 싸여 있어요.

Tip
식물들이 여러 가지 방법으로 겨울나기를 하듯이 동물들도 겨울잠, 털갈이 등으로 겨울을 지냅니다.

이해 식물이 겨울철을 지내는 것을 식물의 □□□□라고 해요.
겨울나기

식물의 겨울을 나는 방법

알뿌리로 지내기

튤립과 같은 식물은 꽃이나 잎, 줄기는 죽지만 뿌리는 살아서 알 모양에 양분을 저장하여 겨울을 지내요.

땅에 붙어 지내기

냉이나 민들레 같은 식물은 바람이 많이 안 부는 땅에 가까이 붙어서 겨울을 지내요.

푸른 잎 그대로 지내기

소나무나 향나무같이 일 년 내내 푸른 식물은 잎이 붙은 그대로 겨울을 지내요.

겨울눈의 모양

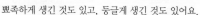

뾰족하게 생긴 것도 있고, 둥글게 생긴 것도 있어요.

◉ 식물의 겨울나기에 모두 ○표를 하세요.

겨울잠	(겨울눈)	번데기
털갈이	(씨)	(알뿌리)

해설 겨울잠, 번데기, 털갈이는 동물의 겨울나기입니다.

◉ 다음 설명에 알맞은 말을 쓰세요.

• 나무가 겨울을 견디기 위해 나무 끝에 만든 것이다.
• 속에는 꽃이나 잎이 될 것이 들어 있다.

겨	울	눈

해설 나무가 겨울을 견디기 위해 나무 끝에 만든 것으로 그 속에 꽃이나 잎이 될 것이 들어 있는 것을 겨울눈이라고 합니다.

◉ 알맞은 것에 ○표를 하세요.

민들레는 알뿌리로 겨울을 지낸다.	

소나무는 푸른 잎 그대로 겨울을 지낸다.	○

해설 민들레는 땅에 붙어서 겨울을 지냅니다.

1회 ②

사막에 사는 동물

　　사막은 대부분의 땅이 모래로 덮여 있어요. 날씨는 낮과 밤이 달라요. 낮에는 매우 덥고 밤에는 갑자기 추워지기도 해요. 비가 거의 오지 않아서 물도 부족해요. 그래서 동물들이 살기가 힘든 곳이에요. 하지만 이런 사막에도 동물들이 살고 있어요. 사막여우, 도마뱀, 낙타 등이 사막에 살아요. 이런 동물들은 살기 어려운 사막에서 어떻게 견디는지 살펴보아요.

낙타
긴 속눈썹이 모래바람을 막아 주어요. 등에 난 혹에 영양분을 저장하고 있어서 먹지 않아도 오랫동안 힘을 낼 수 있어요.

도마뱀
뜨거운 모래 위에서 발을 번갈아 사용해요.

사막여우
큰 귀가 있어서 더울 때 몸의 온도를 조절할 수 있어요. 또 귀 안의 털은 모래바람을 막아 주어요.

Tip
도마뱀은 뜨거운 모래 위에서 발을 번갈아 들고 있는 모습이 재미있습니다. 앞쪽 왼발과 뒤쪽 오른발로 서 있다가 발이 뜨거워지면 앞쪽 오른발과 뒤쪽 왼발로 섭니다.

이해 날씨가 매우 덥고 땅의 대부분이 모래로 덮여 있는 곳은 □□이에요.
사막

사막에 사는 동물들이 살아남는 방법

사막딱정벌레

새벽에는 사막의 기온이 낮아져요. 온도 차가 생겨 등껍질에 물방울이 생기게 되는데 그 물을 입으로 굴려 먹어요.

사막거북

사막거북은 낮에는 땅굴에 들어가서 더위를 피해요. 삽처럼 생긴 앞다리가 있어서 땅굴을 만들 수 있어요.

전갈

전갈은 몸이 딱딱한 껍질로 되어 있어요. 그래서 몸 안의 물이 빠져 나가지 못하게 해요.

미어캣

눈 주변의 검은색 털은 사막의 뜨거운 햇빛에도 눈이 부시지 않게 해 주어요.

◉ 사막에 대한 설명에 모두 ○표를 하세요.

물이 부족하다.	◯
하루 종일 매우 덥다.	
땅의 대부분이 모래로 덮여 있다.	◯

해설 사막은 낮에는 매우 덥고 밤에는 춥습니다.

◉ 다음 설명에 알맞은 말을 쓰세요.

- 긴 속눈썹이 모래바람을 막아 준다.
- 등에 난 혹에 영양분을 저장하고 있는 동물이다.

낙	타

해설 긴 속눈썹이 있고, 등에 난 혹에 영양분을 저장하고 있는 동물은 낙타입니다.

◉ 알맞게 선으로 이으세요.

도마뱀 ── 눈 주변이 검은색이어서 눈부심을 막을 수 있다.

미어캣 ── 뜨거운 모래 위에서 발을 번갈아 사용한다.

해설 뜨거운 모래 위에서 발을 번갈아 사용하는 동물은 도마뱀이고, 눈 주변이 검은 동물은 미어캣입니다.

우리나라의 전통 집

생일에 입체 퍼즐 세트를 선물 받았어요. 하나는 기와집 만들기이고, 다른 하나는 초가집 만들기예요. 기와집과 초가집은 둘 다 우리나라의 전통 집으로, 한옥이라고 부르기도 해요. 가족과 함께 민속촌에 가서 본 적이 있는데 특히 지붕이 달랐던 게 생각이 나네요.

기와집과 초가집은 무엇이 비슷하고 무엇이 다른지 알아보아야겠어요.

기와집
기와로 지붕을 만든 집이에요. 부자와 양반들이 살았어요.

초가집
갈대나 볏짚 등으로 지붕을 만든 집이에요. 주로 서민들이 살았어요.

Tip
'한옥'이란 말은 서양식 집에 상대하여 부르는 말입니다.

이해 기와집과 초가집 둘 다 우리나라의 □□ □인데 지붕 모양이 달라요.
전통 집

기와집과 초가집의 비슷한 점

마루
마루는 바람이 드나들어 시원하도록 만들었어요. 방으로 가려면 마루를 지나가야 해요.

▲ 기와집의 마루

▲ 초가집의 마루

온돌
아궁이에서 불을 때면 방바닥 아래에 있는 빈 곳이 뜨거워지면서 구들장을 덥혀 방을 따뜻하게 하는 우리 고유의 난방 장치예요.

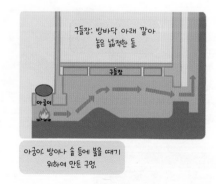

구들장: 방바닥 아래 깔아 놓은 넓적한 돌.

구들장

아궁이

아궁이: 방이나 솥 등에 불을 때기 위하여 만든 구멍.

친환경 재료
기와, 벽, 기둥 등에 쓰인 재료들은 자연에서 얻은 짚과 흙, 나무와 돌이에요. 이것들은 다 쓰인 뒤에 다시 자연으로 돌아갈 수 있어요.

◉ 알맞게 선으로 이으세요.

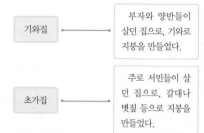

기와집 ———— 부자와 양반들이 살던 집으로, 기와로 지붕을 만들었다.

초가집 ———— 주로 서민들이 살던 집으로, 갈대나 볏짚 등으로 지붕을 만들었다.

해설 기와집은 부자와 양반들이 살던 집으로 기와로 지붕을 만들었습니다. 그리고 초가집은 주로 서민들이 살던 집으로 갈대나 볏짚 등으로 지붕을 만들었습니다.

◉ 다음 설명에 알맞은 말을 쓰세요.

• 방을 따뜻하게 하는 우리 고유의 난방 장치이다.
• 아궁이에 불을 때면 구들장을 덥혀 방을 따뜻하게 한다.

온 돌

해설 방을 따뜻하게 하는 우리 고유의 난방 장치로, 아궁이에 불을 때면 구들장을 덥혀 방을 따뜻하게 하는 것은 온돌입니다.

◉ 알맞은 것에 ○표를 하세요.

마루는 기와집에서만 볼 수 있다. □

기와, 벽, 기둥 등에 쓰이는 짚과 흙, 나무와 돌은 친환경 재료이다. ○

해설 마루는 기와집과 초가집 모두에서 볼 수 있습니다.

세계 여러 나라의 전통 집

우리나라에 기와집이나 초가집 같은 전통 집이 있는 것처럼 세계의 여러 나라마다 각각의 전통 집이 있어요. 흔히 에스키모의 집이라고 말하는 이글루는 눈과 얼음으로 만들어요. 타이나 베트남 같은 더운 나라에서는 무더위나 해충을 피하기 위해 물 위에 지은 수상 가옥을 만들지요.

이처럼 각 나라의 전통 집은 그 나라의 자연 환경과 관계가 있어요. 세계 여러 나라의 전통 집을 같이 찾아보아요.

이글루
눈과 얼음으로 만든 집이에요.

수상 가옥
해안이나 강변에 말뚝을 박고 그 위에 지은 집이에요.

Tip
세계 여러 나라의 전통 집들은 각 나라에서 쉽게 구할 수 있는 재료들을 이용하여 만들었습니다. 그리고 각 나라의 날씨를 견딜 수 있도록 만들었습니다.

이해 □□ □을 보면 그 나라의 특성을 알 수 있어요.
전통 집

세계의 전통 집 더 알아보기

이즈바
통나무나 각이 진 나무를 쌓아 올려 만든 러시아의 전통 집이에요.

야오동
평평한 땅에 사각형 구멍을 판 지하에 있는 마당을 중심으로 동서남북에 사람이 살 수 있는 굴을 만든 중국의 전통 집이에요.

휘테
눈이 많이 쌓이는 겨울을 대비해 바닥을 높게 만들고 많은 눈과 거센 바람을 견디기 위해 지붕에 돌을 얹어 만든 스위스의 전통 집이에요.

게르
나무로 뼈대를 만들고 그 위에 짐승의 털로 만든 천을 덮어 만든 몽골의 전통 집이에요.

◎ 수상 가옥에 대한 설명에 ○표를 하세요.

| 타이나 베트남 같은 더운 나라에서 볼 수 있다. | ○ |
| 러시아와 같은 추운 나라에서 볼 수 있다. | |

해설 타이나 베트남 같은 더운 나라에서 볼 수 있는 수상 가옥은 해충이나 무더위를 피하기 위해 만듭니다.

◎ 다음 전통 집의 이름은 무엇인지 쓰세요.

| 이 | 글 | 루 |

해설 눈과 얼음으로 만든 집인 이글루입니다.

◎ 알맞게 선으로 이으세요.

| 게르 | ——— | 몽골의 전통 집 |
| 이즈바 | ——— | 러시아의 전통 집 |

해설 게르는 몽골의 전통 집, 이즈바는 러시아의 전통 집입니다.

3회 ①

길이를 재요

필통에 들어 있는 연필, 지우개, 볼펜의 키를 재 보면 조금씩 다르죠? 정확하게 알기 위해서는 자로 한끝에서 다른 한끝까지의 거리를 재어야 하는데 이것을 길이라고 해요. 길이를 숫자로 나타낼 때는 단위를 같이 사용해요. 길이의 단위에는 mm(밀리미터), cm(센티미터), m(미터), km(킬로미터)가 있어요. 길이는 자로 재는데, 자의 작은 눈금 한 칸은 1 mm이고, 큰 눈금 한 칸은 1 cm예요.

길이
한끝에서 다른 한끝까지의 거리.

내 키는
1 m 30 cm야.

Tip
뼘은 엄지손가락과 다른 손가락을 완전히 펴서 벌렸을 때 두 끝 사이의 거리를 말합니다.

이해 □□를 정확하게 재려면 자가 필요해요.
길이

길이 사이의 관계

1 cm는 10 mm

자의 큰 눈금 하나를 1 cm라고 쓰고, 1센티미터라고 읽어요. 그리고 1 cm를 10칸으로 똑같이 나눈 작은 눈금 하나는 1 mm라고 쓰고 1밀리미터라고 읽어요.

1 m는 100 cm

키를 잴 때 m와 같은 더 큰 단위가 필요해요. 1 m는 1미터라고 읽어요. 1 m는 100 cm와 같은 길이예요.

1 km는 1000 m

1 m보다 훨씬 먼 거리를 나타낼 때도 있어요. 1 km는 1킬로미터라고 읽어요. 1 km는 1000 m와 같은 길이예요.

집 ⸻ 2 km ⸻ 도서관

내 코가 석 자?

우리 속담에 '내 코가 석 자'란 말이 있어요. 이 말에 쓰인 '자'는 학용품인 '자'를 가리키는 것이 아니라 길이의 단위인 '자'를 말해요. '자'는 옛날에 사용하던 길이의 단위인데, 한 자는 약 30.3 cm이므로 석 자는 90 cm가 넘는 길이를 말하지요. 그래서 '내 코가 석 자'란 말은 내 콧물 길이가 90 cm가 넘는다는 거예요. 즉, 내가 어려운 처지에 놓여서 다른 사람을 돌볼 겨를이 없다는 뜻인 거예요.

대략 90 cm
석 자
한 자
30.3 cm

◉ 알맞은 말에 ○표를 하세요.

한끝에서 다른 한끝까지의 거리를 (단위 , (길이))라고 한다.

해설 한끝에서 다른 한끝까지의 거리를 길이라고 합니다.

◉ 알맞은 것에 ○표를 하세요.

1 mm는 1미터라고 읽는다.	
1 cm는 1센티미터라고 읽는다.	○

해설 1 mm는 1밀리미터라고 읽습니다.

◉ 알맞게 선으로 이으세요.

1 cm	⸺	10 mm
1 m	⸺	100 cm
1 km	⸺	1000 m

해설 1 cm=10 mm, 1 m=100 cm, 1 km=1000 m입니다.

3회 ②

여러 가지 모양 도형

교실에 있는 물건들의 모양을 살펴본 적 있나요? 시계는 동그란 원, 칠판은 사각형, 삼각형 모양의 자 등 여러 가지가 있어요.

이러한 모양들의 공통점은 도형이라는 것이에요. 도형은 점과 선, 면, 입체 또는 이들이 모여서 이루어진 것을 말해요. 도형에는 굽은 선으로 된 도형, 곧은 선으로 된 도형, 면으로 된 도형, 입체로 된 도형이 있지요.

> 난 선으로 된 도형을 그렸어.

> 공은 입체로 된 도형이야.

Tip 원, 삼각형, 사각형은 둘레가 있는 도형입니다.

이해 ▶ 축구공의 겉은 오각형과 육각형인 □□으로 되어 있어요.
도형

원

굽은 선으로 이어져 있고, 변과 꼭짓점이 없는 도형이에요.

변과 꼭짓점

도형에서 곧은 선을 변이라고 하고, 두 변이 만나는 점을 꼭짓점이라고 해요. 도형의 이름은 변과 꼭짓점의 수에 따라 달라져요.

삼각형, 사각형, 오각형, 육각형

도형	삼각형	사각형	오각형	육각형	……
변의 수(개)	3	4	5	6	……
꼭짓점의 수(개)	3	4	5	6	……

삼각형, 사각형, 오각형, 육각형의 첫 글자 '삼', '사', '오', '육'은 각각 변의 수와 꼭짓점의 수를 말하는 거예요.

삼각형　　사각형　　오각형　　육각형

이런 것도 도형이래요

선으로만 된 것, 점과 선으로 된 것이 모두 도형이래요. 그래서 길이는 있고 넓이는 없는 도형도 있어요.

◉ 알맞은 말에 ○표를 하세요.

점과 선, 면, 입체 또는 이들이 모여서 이루어진 것을 (도형 , 그림)이라고 한다.

해설 점과 선, 면, 입체 또는 이들이 모여서 이루어진 것을 도형이라고 합니다.

◉ 알맞은 것에 ○표를 하세요.

도형에서 곧은 선을 면이라고 한다. □

도형에서 두 변이 만나는 점을 꼭짓점이라고 한다. ○

해설 도형에서 곧은 선은 변이라고 합니다.

◉ 알맞게 선으로 이으세요.

원		굽은 선으로 이어져 있고, 변과 꼭짓점이 없다.
삼각형		곧은 선으로 되어 있고, 변과 꼭짓점의 수가 각각 3개이다.

해설 원은 굽은 선으로 이어져 있고, 변과 꼭짓점이 없습니다. 삼각형은 곧은 선으로 되어 있고, 변과 꼭짓점의 수가 각각 3개입니다.

전기를 널리 알린 사람들

가족이 모여 저녁 식사를 하는데 갑자기 전기가 나가서 깜깜해졌어요. 아빠께서 휴대 전화의 불빛을 비추셔서 엄마가 양초를 찾을 수 있었어요. 식탁에 둘러앉아 다시 밥을 먹으며 아빠께서 발명가 에디슨 이야기를 해 주셨어요. 오빠는 선생님께 들었다면서 발명가 테슬라에 대한 이야기를 이어 갔어요. 오늘은 전기에 대해 알아보고 그 소중함을 느끼게 된 날이에요.

테슬라
전기를 연구한 발명가예요.

에디슨
발명왕이라고 불리는 발명가예요.

Tip
에디슨과 테슬라는 둘 다 전기를 연구한 발명가로 서로 경쟁하기도 했습니다.

에디슨이 전구를 연구하지 않았다면 오늘날 우리가 아직도 양초를 사용했을 거야.

이해 에디슨, 테슬라와 같은 사람들 덕분에 □□를 편리하게 쓸 수 있게 되었어요.
전기

에디슨과 테슬라

에디슨
미국의 발명가예요. 1,000가지가 넘는 여러 가지를 발명하여 발명왕이라고 불려요. 전기를 연구하여 탄소 필라멘트를 사용한 백열전구를 발명했어요.

테슬라
미국의 발명가예요. 전기를 연구하여 오늘날까지 공장이나 선풍기, 세탁기 등에 쓰이는 기계를 개발했어요.

에디슨의 발명품

축음기
소리를 녹음해서 다시 들을 수 있는 기계예요. 축음기의 발명으로 언제 어디서든 음악을 들을 수 있게 되었어요.

영사기
영화 필름을 벽이나 천 등에 비추어 볼 수 있는 기계예요. 오늘날 우리가 영화관에서 영화를 볼 수 있는 것은 영사기의 발명 덕분이에요.

◉ 알맞은 말에 ○표를 하세요.

에디슨과 테슬라는 둘 다 미국의 발명가로 ((전기), 천체)를 연구한 사람들이다.

해설 ▶ 에디슨과 테슬라는 둘 다 미국의 발명가로 전기를 연구한 사람들입니다.

◉ 다음 설명에 알맞은 말을 쓰세요.

- 에디슨이 발명한 물건이다.
- 이것 덕분에 오늘날 우리가 영화관에서 영화를 볼 수 있게 되었다.

영	사	기

해설 ▶ 에디슨이 발명한 것으로 오늘날 텔레비전과 영화를 볼 수 있게 된 계기가 된 발명품은 영사기입니다.

◉ 알맞은 것에 ○표를 하세요.

에디슨과 테슬라는 둘 다 전기를 연구한 사람이다.	○
에디슨은 전구를 발명했고, 테슬라는 축음기를 발명했다.	

해설 ▶ 에디슨과 테슬라는 둘 다 전기를 연구한 사람들이며, 전구와 축음기는 모두 에디슨이 발명한 것입니다.

4회 ②

안전한 우리 집 만들기

옆집에 사는 동생이 집에서 다쳤다고 해요. 욕실 바닥에 물이 있어 미끄러웠는데 미처 보지 못해서 넘어졌대요. 문득 얼마 전에 텔레비전에서 보았던 뉴스가 생각났어요. 집에서 생활할 때 조심하지 않아서 일어나는 사고가 늘고 있으니 주의해야 한다는 내용이었어요.

우리 집을 안전한 곳으로 만들기 위해 어떻게 해야 할지 차근차근 알아보기로 해요.

베란다
보호대를 만들어 두어야 해요.

Tip
욕실은 샤워를 하거나 빨래를 하는 등 물을 많이 쓰는 곳입니다. 바닥이 물에 젖어 있지 않게 하는 것이 안전합니다.

욕실
욕실 바닥에 있는 물을 잘 닦고, 미끄럼 방지 장치를 해 두어야 해요.

이해 우리 집을 □□한 곳으로 만들기 위해 어떻게 해야 하는지 잘 알아두면 좋아요.
안전

안전한 우리 집 만들기

방
• 방문을 닫을 때 손이 끼면 다칠 수 있으므로 방문에 손끼임 방지 장치를 붙여 놓으면 좋아요.
• 날카로운 모서리에는 안전캡을 씌워야 해요.

▲ 손 끼임 방지 장치 붙이기

거실
• 높은 곳에는 떨어지면 깨지기 쉬운 물건을 놓지 않아야 해요.
• 선풍기 날개에 손이 다치지 않도록 보호망을 씌워야 해요.
• 콘센트에는 보호 덮개를 씌우거나 콘센트 마개를 꽂아야 해요.

▲ 선풍기 보호망 씌우기　　▲ 콘센트 마개 꽂기

창문이나 베란다
• 창문이나 베란다에는 보호대를 만들어 두는 것이 안전해요.
• 창문에는 잠금 장치를 하여 아이가 혼자 열 수 없도록 해야 해요.
• 밟고 올라설 수 있는 물건들을 창문이나 베란다에 가까이 두지 않아야 해요.

▲ 창문에 보호대 만들기

◎ 다음 설명에 알맞은 말을 쓰세요.

> • 바닥에 물이 많아서 잘 닦아야 하는 곳이다.
> • 미끄럼 방지 장치를 해야 한다.

| 욕 | 실 |

해설 욕실에서는 바닥에 있는 물을 잘 닦고, 미끄럼 방지 장치를 해 두어야 합니다.

◎ 알맞은 말에 ○표를 하세요.

> 거실에서 사용하는 선풍기에는 (안전캡, **보호망**)을 씌워야 안전하다.

해설 선풍기에는 보호망을 씌워야 안전합니다. 안전캡은 날카로운 모서리에 사용하는 것입니다.

◎ 알맞은 것에 ○표를 하세요.

> 창문이나 베란다에는 보호대를 만들어 둔다.　○

> 깨지기 쉬운 물건은 거실의 높은 곳에 놓는다.

해설 거실의 높은 곳에는 깨지기 쉬운 물건을 놓지 않아야 합니다.

5회 ①
3주차

친구에게 편지를 써요

현수가 지원이에게 빌린 장난감 비행기를 망가뜨렸어요. 그런데 지원이는 화를 내지 않고 괜찮다고 했어요. 현수는 지원이에게 고마운 마음을 전하고 싶어서 편지를 썼어요.

이렇게 편지는 다른 사람에게 마음이나 소식을 전하고 싶을 때 쓰는 글이에요.

편지를 쓸 때는 받을 사람, 첫인사, 전하고 싶은 말, 끝인사, 쓴 날짜, 쓴 사람이 잘 드러나게 써야 해요.

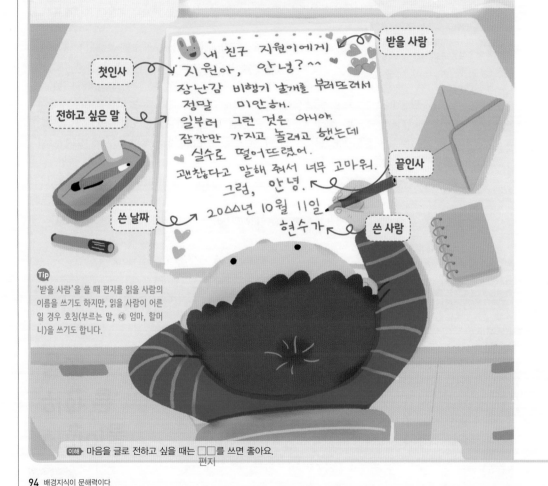

첫인사

전하고 싶은 말

쓴 날짜

받을 사람

끝인사

쓴 사람

Tip
'받을 사람'을 쓸 때 편지를 읽을 사람의 이름을 쓰기도 하지만, 읽을 사람이 어른일 경우 호칭(부르는 말, 예 엄마, 할머니)을 쓰기도 합니다.

[이해] 마음을 글로 전하고 싶을 때는 □□를 쓰면 좋아요.
편지

편지를 쓰는 방법

> '받을 사람'과 '첫인사'를 써요.

'받을 사람'은 편지를 읽을 사람을 말해요. 읽을 사람의 이름을 쓰면 돼요. '첫인사'는 누군가를 만났을 때 하는 인사처럼 받을 사람에게 할 인사말을 쓰는 거예요.

> '전하고 싶은 말'을 써요.

'전하고 싶은 말'이란 편지를 받을 사람에게 하고 싶은 말이에요. 이때 편지를 쓴 까닭이나 하고 싶은 말이 분명하게 드러나게 써야 해요.

> '끝인사'와 '쓴 날짜', '쓴 사람'을 써요.

'끝인사'는 누군가와 헤어질 때 하는 인사처럼 받을 사람에게 할 인사말을 마지막으로 쓰는 거예요. '쓴 날짜'는 편지를 쓴 날짜예요. 그리고 '쓴 사람'은 편지를 쓴 사람을 말해요. 편지를 쓴 사람의 이름을 쓰면 돼요.

편지를 쓸 때 주의할 점

예의 바르게 써야 해요.

다른 사람에게 하고 싶은 말을 글로 써서 전하는 것이기 때문에 직접 보고 말을 할 때처럼 예의 바르게 글을 써야 해요.

편지를 쓴 까닭이 잘 나타나야 해요.

왜 편지를 썼는지가 분명하게 나타나야 편지를 읽는 사람이 내용을 이해하기가 쉬워요.

◉ 편지에 대한 설명에 ○표를 하세요.

| 다른 사람에게 마음이나 소식을 전하기 위해 쓴 글이다. | ○ |
| 하루 동안 있었던 일 중에서 가장 기억에 남는 일을 글로 쓴 것이다. | |

[해설] 편지는 다른 사람에게 마음이나 소식을 전하기 위해 쓴 글입니다. 하루 동안 있었던 일 중에서 가장 기억에 남는 일을 글로 쓴 것은 일기입니다.

◉ 편지를 쓸 때 꼭 들어가야 할 내용에 모두 ○표를 하세요.

| (받을 사람) | 쓴 장소 |
| (첫인사) | 전해 주는 사람 |

[해설] 편지에는 받을 사람, 첫인사, 전하고 싶은 말, 끝인사, 쓴 날짜, 쓴 사람을 써야 합니다.

◉ 알맞은 말에 ○표를 하세요.

| 편지를 쓸 때는 받을 사람에게 하고 싶은 말이나 편지를 쓴 ((까닭), 날씨)이/가 분명하게 나타나게 써야 한다. |

[해설] 편지를 쓸 때는 받을 사람에게 하고 싶은 말이나 편지를 쓴 까닭이 분명하게 드러나게 써야 합니다.

어린이를 위한 글, 동화

《해와 달이 된 오누이》,《금도끼 은도끼》,《강아지 똥》……. 이런 이야기책을 읽어 본 적이 있나요? 글쓴이가 어린이의 마음을 바탕으로 하여 있을 수 있는 일을 상상하여 꾸며 쓴 이야기를 동화라고 해요.

동화 속에 나오는 주인공에게 일어나는 일을 읽다 보면 이야기의 때와 곳도 알 수 있지요. 동화를 읽으면 재미와 감동을 느낄 수도 있어요.

집으로 오는 길이었어요.
"멍멍."
유민이가 뒤돌아보니 강아지 한 마리가 꼬리를 흔들고 있었어요.
"주인이 없나 봐."
유민이는 강아지를 걱정스럽게 보다가 집에 들어갔어요.
"멍멍."
한참 뒤 또 강아지 소리가 들렸어요. 밖을 내다보니 노을이 지고 있었어요. 강아지는 대문 앞에 앉아 있었어요. 대문을 살짝 열어 보니 강아지가 쪼르르 들어왔어요. 유민이네 집으로 들어온 강아지는 자기 집인 것처럼 마당 한쪽으로 가더니 편안하게 앉지 뭐예요.
"할 수 없네. 주인이 나타날 때까지 마당에서 키워야겠다."
엄마의 말씀을 듣고 유민이는 강아지 이름을 '마당이'라고 지었어요.
"마당아!"
유민이가 이름을 부르면 마당이는 쏜살같이 뛰어와서 꼬리를 흔들어요.

> **주인공**
> 유민이와 강아지예요.

> **때와 곳**
> 때는 오후이고, 곳은 집으로 오는 길과 유민이네 집이에요.

> **일어나는 일**
> 유민이와 강아지가 겪는 일이에요.

Tip
동화에는 예로부터 전해 내려오는 전래 동화와 작가가 꾸며 쓴 창작 동화가 있습니다.

이해 어린이를 위해 꾸며 쓴 이야기인 □□를 읽고 재미와 감동을 느껴 보세요.
동화

동화를 이루는 것들

> 주인공

주인공은 사람일 수도, 동물이나 물건일 수도 있어요.

> 때와 곳

때와 곳이 있어야 주인공이 하는 일이 실제 이야기처럼 느껴져요. 때는 일이 일어난 시간이고, 곳은 일이 일어난 장소를 말해요.

> 일어나는 일

이야기 속에서 주인공이 겪는 여러 가지 일을 말해요. 주인공이 겪는 일에 따라 동화의 내용이 달라져요.

동화의 특징

어린이를 위한 이야기예요.
동화는 어린이를 위한 이야기이기 때문에 어린이의 마음을 바탕으로 썼어요.

실제로 일어날 수도 있는 이야기예요.
동화는 실제로 일어날 수도 있는 일을 이야기로 써서 읽다 보면 실제 있었던 일처럼 느껴져요.

글쓴이가 상상하여 꾸며 쓴 이야기예요.
동화는 어린이를 위해 글쓴이가 상상하여 꾸며 쓴 이야기여서 재미있어요.

◉ 동화를 이루는 것에 모두 ○표를 하세요.

주인공	쓴 날짜
때와 곳	일어나는 일

해설 동화를 이루려면 주인공, 때와 곳, 일어나는 일이 있어야 합니다.

◉ 다음 설명에 알맞은 말을 쓰세요.

- 어린이를 위한 이야기이다.
- 실제로 일어날 수도 있는 이야기이다.
- 재미와 감동을 느낄 수 있는 이야기이다.

동	화

해설 동화는 어린이를 위한 이야기이며, 실제로 일어날 수도 있는 일을 쓴 이야기입니다. 동화를 읽으면 재미와 감동을 느낄 수 있습니다.

◉ 동화에 대한 설명에 ○표를 하세요.

글쓴이가 상상하여 꾸며 쓴 이야기이다.	○
다른 사람에게 마음이나 소식을 전하기 위해 쓴 글이다.	

해설 다른 사람에게 마음이나 소식을 전하기 위해 쓴 글은 편지입니다.

1 겨울눈에 대한 설명으로 알맞지 <u>않은</u> 것은 무엇인가요? (②) » 과학

① 식물의 겨울나기의 한 방법이다.
② 싹이 터서 식물로 자랄 수 있는 것이다.
③ 겨울눈 속에는 꽃이나 잎이 될 것이 들어 있다.
④ 뾰족하게 생긴 것도 있고, 둥글게 생긴 것도 있다.
⑤ 나무가 겨울을 견디기 위해 나무 끝에 만든 것이다.

해설 싹이 터서 식물로 자랄 수 있는 것은 씨입니다. 씨도 겨울나기의 한 방법입니다.

2 식물의 겨울나기에 대한 설명으로 알맞은 것에 ○표를 하세요. » 과학

(1) 소나무같이 일 년 내내 푸른 식물은 잎이 붙은 그대로 겨울을 지낸다. (○)
(2) 튤립 같은 식물은 바람이 많이 안 부는 땅에 가까이 붙어서 겨울을 지낸다. ( )
(3) 민들레 같은 식물은 꽃이나 잎, 줄기는 죽지만 뿌리는 살아서 겨울을 지낸다. ( )

해설 튤립과 같은 식물은 꽃이나 잎, 줄기는 죽지만 뿌리는 살아서 알 모양으로 겨울을 지내고, 민들레 같은 식물은 바람이 많이 안 부는 땅에 가까이 붙어서 겨울을 지냅니다.

3 사막에 대해 알맞게 말하지 <u>않은</u> 친구의 이름을 쓰세요. » 과학

> 준현: 사막은 물이 부족한 곳이야.
> 수영: 사막은 하루 종일 매우 덥지.
> 민정: 사막은 대부분의 땅이 모래로 덮여 있는 곳이야.

(수영)

해설 사막은 하루 종일 매우 덥지는 않습니다. 낮에는 매우 덥고 밤에는 춥습니다.

4 알맞게 선으로 이으세요. » 과학

| 미어캣 | ⤬ | 큰 귀가 있어서 더울 때 몸의 온도를 조절할 수 있다. |
| 사막여우 | | 눈 주변에 검은색 털이 있어서 사막의 뜨거운 햇빛에도 눈이 부시지 않다. |

해설 큰 귀가 있어서 더울 때 몸의 온도를 조절할 수 있는 동물은 사막여우이고, 눈 주변에 검은색 털이 있어서 사막의 뜨거운 햇빛에도 눈이 부시지 않는 동물은 미어캣입니다.

5 기와집과 초가집의 특징을 골라 각각 기호를 쓰세요. » 사회

> ㉮ 부자와 양반들이 살았으며 기와로 지붕을 만들었다.
> ㉯ 주로 서민들이 살았으며 갈대나 볏짚 등으로 지붕을 만들었다.

(1) 기와집: (㉮) (2) 초가집: (㉯)

해설 부자와 양반들이 살았으며 기와로 지붕을 만든 집은 기와집, 주로 서민들이 살았으며 갈대나 볏짚 등으로 지붕을 만든 집은 초가집입니다.

6 기와집과 초가집에 대한 설명으로 알맞지 <u>않은</u> 것에 ○표를 하세요. » 사회

(1) 기와집에는 온돌이 있고, 초가집에는 온돌이 없다. (○)
(2) 기와집과 초가집은 자연에서 얻은 재료들로 집을 지었다. ( )
(3) 기와집과 초가집 둘 다 바람이 드나들어 시원하도록 마루를 만들었다. ( )

해설 온돌은 우리 고유의 난방 장치로, 기와집과 초가집 둘 다 온돌이 있습니다.

7 세계 여러 나라의 전통 집에 대한 설명으로 알맞은 것에 모두 ○표를 하세요. » 사회

(1) 에스키모 인들의 전통 집은 눈과 얼음으로 만든 이글루이다. (○)
(2) 타이나 베트남 같은 나라의 전통 집은 무더위나 해충을 피하기 위해 굴을 파서 만든 야오동이다. ( )
(3) 스위스 같은 나라의 전통 집은 많은 눈과 거센 바람을 견디기 위해 지붕에 돌을 얹어 만든 휘테이다. (○)

해설 타이나 베트남 같은 나라의 전통 집은 무더위나 해충을 피하기 위해 해안이나 강변에 말뚝을 박고 그 위에 짓는 수상 가옥입니다. 야오동은 중국의 전통 집입니다.

8 다음 전통 집의 이름을 쓰세요. » 사회

(게르)

해설 사진의 집은 몽골의 전통 집인 게르입니다. 게르는 나무로 뼈대를 만들고 그 위에 짐승의 털로 만든 천을 덮어 만든 집입니다.

▶ 정답과 해설 46쪽

9 길이와 그 단위에 대해 알맞지 않게 말한 친구의 이름을 쓰세요. 》 ─────── 수학

> 동민: 한끝에서 다른 한끝까지의 거리를 길이라고 해.
> 형석: 길이를 숫자로 나타낼 때는 단위를 같이 사용해야 해.
> 연정: 1 cm는 1밀리미터라고 읽고, 자의 작은 눈금 하나인 거야.

(연정)

해설 ▶ 1 cm는 1 센티미터라고 읽고, 자의 큰 눈금 하나입니다. 자의 작은 눈금 하나는 1 mm(1밀리미터)입니다.

10 길이를 나타내는 단위가 아닌 것은 무엇인가요? (⑤) 》 ─────── 수학

① mm   ② cm   ③ m   ④ km   ⑤ g

해설 ▶ g은 무게를 나타내는 단위입니다. ①은 밀리미터, ②는 센티미터, ③은 미터, ④는 킬로미터, ⑤는 그램이라고 읽습니다.

11 도형에 대한 설명으로 알맞은 것에 모두 ○표를 하세요. 》 ─────── 수학

(1) 원은 굽은 선으로만 이루어져 있다.   (○)
(2) 도형에서 곧은 선을 면이라고 한다.   ( )
(3) 도형에서 두 변이 만나는 점을 꼭짓점이라고 한다.   (○)

해설 ▶ 도형에서 곧은 선은 변이라고 합니다.

12 다음 설명에 알맞은 말을 쓰세요. 》 ─────── 사회

> • 미국의 발명가로, 발명왕이라고 불린다.
> • 전기를 연구하여 탄소 필라멘트를 사용한 백열전구를 발명하였다.

(에디슨)

해설 ▶ 미국의 발명가로 전기를 연구하여 탄소 필라멘트를 사용한 백열전구를 발명한 사람은 에디슨입니다. 1,000가지가 넘는 여러 가지를 발명하여 발명왕이라고 불립니다.

---

13 안전한 우리 집을 만드는 방법으로 알맞지 않은 것은 무엇인가요? (④) 》 ─────── 안전

① 욕실 바닥은 젖어 있지 않게 한다.
② 창문이나 베란다에는 보호대를 만들어 둔다.
③ 방의 방문에는 손끼임 방지 장치를 붙여 놓는다.
④ 거실에 있는 콘센트에는 보호망을 씌워야 한다.
⑤ 높은 곳에는 깨지기 쉬운 물건을 놓지 않아야 한다.

해설 ▶ 거실에 있는 콘센트에는 보호 덮개를 씌우거나 콘센트 마개를 꽂아야 합니다. 보호망은 선풍기에 씌워야 합니다.

14 다음 빈칸에 들어갈 알맞은 말을 쓰세요. 》 ─────── 국어

> 편지를 쓸 때는 받을 사람, 첫인사, [   ], 끝인사, 쓴 날짜, 쓴 사람이 잘 드러나게 써야 한다.

(전하고 싶은 말)

해설 ▶ 편지를 쓸 때는 받을 사람, 첫인사, 전하고 싶은 말, 끝인사, 쓴 날짜, 쓴 사람이 잘 드러나게 써야 합니다.

15 동화에 대한 설명으로 알맞은 것에 모두 ○표를 하세요. 》 ─────── 국어

(1) 어린이를 위한 이야기이다.   (○)
(2) 글쓴이가 직접 겪은 일이다.   ( )
(3) 실제로 일어날 수도 있는 이야기이다.   (○)

해설 ▶ 동화는 글쓴이가 상상하여 꾸며 쓴 이야기입니다.

정리 학습

▶ 정답과 해설 47쪽

과학 　식물의 겨울나기

겨 울 눈

씨

과학 　사막에 사는 동물

낙 타

사 막 여 우

도 마 뱀

사회 　우리나라의 전통 집

초 가 집

기 와 집

사회 　세계 여러 나라의 전통 집

이 글 루

수 상 가 옥

4

주차

정답과 해설

바다에 사는 동물

바다는 아주 깊고 넓어요. 그 넓은 바다 속에는 여러 동물들이 함께 살고 있어요.

몸집이 아주 큰 고래도 있고, 여덟 개의 다리로 먹잇감을 잡는 문어가 있어요. 문어보다 다리 두 개가 더 많은 오징어, 아주 오래 사는 바다거북, 무시무시한 상어, 귀여운 해마도 있어요. 바다 깊은 곳에서 사는 산호도 화려한 색을 뽐내는 동물이랍니다.

고래
바닷속 다른 물고기처럼 알을 낳지 않고 새끼를 낳아요.

바다거북
땅에서는 아주 느리게 걷지만 바다에서는 빠르게 헤엄쳐요.

Tip
문어, 낙지, 오징어의 다리 수는 조금씩 다릅니다. 문어와 낙지는 여덟 개이고, 오징어는 두 개가 더 많은 열 개입니다.

문어
위험할 때 몸 색깔을 바꾸기도 하고, 먹물을 뽑기도 해요.

이해 □□에 사는 동물에는 고래, 문어, 바다거북 등이 있어요.
바다

바다에 사는 동물

상어
고래만큼 큰 동물이에요. 뾰족한 이가 많은데 빠지면 새 이가 또 앞으로 나와요.

오징어
몸이 길쭉하고 다리가 10개예요. '촉수'라고 하는 긴 두 개의 다리로 먹잇감을 잡아요.

해마
생김새가 말과 비슷해서 '바다의 말'이라는 뜻의 이름이 붙여졌어요. 주변에 따라 몸 색깔을 바꿀 수 있어요.

산호
색이 화려하고 모양이 다양해요. 또한 자리에서 다른 자리로 옮겨가지 않는 동물이에요.

◎ 알맞은 말에 ○표를 하세요.

> 고래, 문어, 바다거북, 상어, 오징어, 해마, 산호는 모두 (갯벌 , (바다))에 사는 동물이다.

해설 고래, 문어, 바다거북, 상어, 오징어, 해마, 산호는 모두 바다에 사는 동물입니다.

◎ 다음 설명에 알맞은 말을 쓰세요.

> • 몸이 길쭉하고 다리가 10개인 동물이다.
> • '촉수'라고 하는 긴 두 개의 다리로 먹잇감을 잡는다.

오	징	어

해설 몸이 길쭉하고 다리가 열 개이며 긴 두 개의 촉수로 먹잇감을 잡는 동물은 오징어입니다.

◎ 해마에 대한 설명에 ○표를 하세요.

생김새가 말과 비슷하다.	○
이가 빠지면 새 이가 앞으로 나온다.	

해설 해마는 생김새가 말과 비슷합니다. 이가 빠지면 새 이가 앞으로 나오는 동물은 상어입니다.

갯벌에 사는 동물

주원이는 친구들과 갯벌 체험을 갔어요. 갯벌에는 여러 종류의 동물들이 살아요. 갯벌은 바닷물에 잠겼다가 드러나는 땅인데 영양분이 많아서 동물들의 먹잇감도 그만큼 많기 때문이에요.

물이 빠진 갯벌에는 많은 숨구멍이 보여요. 그 구멍 속에는 칠게, 갯지렁이, 조개 등이 살고 있어요. 이 동물들은 땅속에 있다가도 먹이를 먹을 때는 밖으로 나온답니다.

칠게
갯벌에 사는 게의 한 종류예요. 여러 마리가 무리 지어 살고, 갯벌의 구멍 속에 있다가 먹이를 먹을 때 밖으로 나와요.

Tip
갯지렁이가 파 놓은 갯벌의 구멍으로 바람이 드나들기 때문에 갯벌은 썩지 않고 깨끗합니다.

조개
갯벌에는 바지락, 꼬막, 맛조개 등이 살아요. 물이 빠진 갯벌에서 쉽게 볼 수 있어요.

갯지렁이
갯벌에 사는 지렁이예요.

이해 게, 갯지렁이, 조개 등은 □□에 사는 동물이에요.
갯벌

갯벌에 사는 동물

불가사리
갯벌 동물들을 닥치는 대로 잡아먹어요. 또 몸이 잘려도 죽지 않고 다시 그 부분이 자라나요.

말뚝망둑어
물속에서는 헤엄치지만 갯벌에서는 지느러미를 이용해서 걷거나 뛰기도 해요.

딱총새우
큰 집게발로 '딱딱' 소리를 내요. 먹잇감을 잡을 때나 같은 딱총새우끼리 신호를 보낼 때 소리를 내요.

갯강구
'바다의 청소부'라고 불리는 갯강구는 바닷가의 바위나 자갈에서 볼 수 있어요. 가까이 가면 매우 빠르게 바위나 돌 틈으로 숨어 버려요.

◉ 딱총새우에 대한 설명에 ○표를 하세요.

'바다의 청소부'라고 불린다.	
먹잇감을 잡을 때 '딱딱' 소리를 낸다.	○

해설 딱총새우는 먹잇감을 잡을 때 '딱딱' 소리를 냅니다. '바다의 청소부'라고 불리는 동물은 갯강구입니다.

◉ 다음 설명에 알맞은 말을 쓰세요.

- 여러 마리가 갯벌에서 무리 지어 산다.
- 갯벌의 구멍 속에 있다가 먹이를 먹을 때 밖으로 나온다.

칠	게

해설 갯벌에서 무리 지어 살며 갯벌의 구멍 속에 있다가 먹이를 먹을 때 밖으로 나오는 동물은 칠게입니다.

◉ 알맞게 선으로 이으세요.

불가사리		지느러미로 걷거나 뛰기도 한다.
말뚝망둑어		몸이 잘려도 그 부분이 다시 자라난다.

해설 지느러미로 걷거나 뛰기도 하는 동물은 말뚝망둑어이고, 몸이 잘려도 다시 자라나는 동물은 불가사리입니다.

공공장소에서 질서를 지켜요

도서관에 왔어요. 도서관이나 전시회장, 체험 학습장, 학습 발표회장 등 사람이 많은 곳이나 여러 사람이 함께 이용하는 곳을 공공장소라고 해요. 이러한 공공장소에서는 질서를 잘 지켜야 해요.

공공장소에서 지켜야 할 행동인 질서를 잘 지키지 않으면 여러 사람이 불편해지고 기분이 나빠질 수 있어요. 우리 함께 질서 지키는 방법에 대해 알아볼까요?

도서관에서 질서 지키기
- 책을 깨끗이 봐요.
- 책을 읽는 다른 사람에게 방해가 되지 않게 조용히 해요.
- 책을 빌리거나 반납할 때는 줄을 서요.

질서
공공장소에서 지켜야 할 행동

Tip 질서는 다른 사람을 위해서 지키기도 하지만, 나를 위해서도 지키는 것입니다.

이해 ▶ 사람이 많거나 여러 사람이 함께 이용하는 곳에서는 □□를 지켜야 해요.
질서

질서 지키기

전시회장
친구들과 떠들거나 뛰어다니지 않아요. 전시된 것들은 손으로 만지지 않아야 하며 조용히 눈으로만 보아야 해요.

체험 학습장
체험을 하면서 쓰레기를 함부로 버리지 않아야 해요.

전통 체험 학습

학습 발표회장
바른 자세로 앉아서 조용히 발표회를 보아야 해요. 앞자리의 의자를 발로 차면 안 돼요.

◎ 다음 설명에 알맞은 말을 쓰세요.

- 사람이 많은 곳이나 여러 사람이 함께 이용하는 곳에서 지켜야 할 행동이다.
- 잘 지키지 않으면 여러 사람이 불편해지고 기분이 나빠진다.

　　질　서

해설 질서란 공공장소에서 지켜야 할 행동으로, 잘 지키지 않으면 여러 사람이 불편해지고 기분이 나빠집니다.

◎ 도서관에서 지켜야 할 질서에 ○표를 하세요.

책을 읽는 다른 사람에게 방해가 되지 않게 조용히 읽는다.	◯
전시된 것들은 손으로 만지지 않아야 하며 조용히 눈으로만 본다.	

해설 전시된 것들을 손으로 만지지 않고 조용히 눈으로만 보아야 하는 것은 전시회장에서 지켜야 할 질서입니다.

◎ 알맞게 선으로 이으세요.

체험 학습장 — 앞자리의 의자를 발로 차지 않는다.
학습 발표회장 — 체험을 하면서 쓰레기를 함부로 버리지 않는다.

해설 체험 학습장에서는 체험을 하면서 쓰레기를 함부로 버리지 않아야 합니다. 학습 발표회장에서는 앞자리의 의자를 발로 차지 않아야 합니다.

세계 여러 나라의 전통 옷

오늘 거리에서 퍼레이드가 열렸어요. 세계 여러 나라의 전통 옷을 입은 사람들이 줄지어 걸어가며 구경하러 나온 사람들에게 인사했어요. 우리 나라의 전통 옷인 한복이 가장 예뻤어요. 기모노를 입은 사람은 조심조심 걷는 것 같았어요. 책에서 본 아오자이와 치파오도 볼 수 있었어요. 나라마다 이렇게 다양한 전통 옷이 있다는 것이 신기했어요.

기모노
일본의 전통 옷. 앞이 터진 옷을 합쳐 입고 폭이 넓은 허리띠를 둘러요.

치파오
중국의 전통 옷. 몸에 딱 맞는 원피스 모양의 옷으로 치마 옆이 트여 있어요.

한복
대한민국의 전통 옷. 직선과 곡선이 어우러져 화려하고도 우아해요.

아오자이
베트남의 전통 옷. 윗옷이 길고 바지가 헐렁해요.

Tip
각 나라의 전통 옷은 그 나라의 날씨와도 관계가 있습니다.

이해 세계의 □□ □은 각각이 다 독특하고 아름다워요.
　　　　전통 옷

세계 여러 나라의 전통 옷 더 알아보기

러시아의 사라판
소매가 없이 길이가 긴 치마예요. 옷 안에는 흰 블라우스를 입어요.

그리스의 튜닉
무릎 정도까지 오는, 장식이 거의 없고 느슨한 옷이에요. 그리스·로마 신화에 나오는 옷들과 비슷해요.

몽골의 델
한복의 두루마기와 비슷한 원피스예요. 추위를 견디기에 알맞고 때로는 담요 역할을 한다고 해요.

영국의 킬트
전통적으로 남자가 입는 체크무늬의 치마예요. 색이나 무늬로 가문이나 계급을 나타내요.

◉ 알맞게 선으로 이으세요.

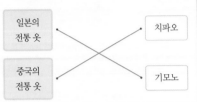

일본의 전통 옷　　　　　치파오
중국의 전통 옷　　　　　기모노

해설 일본의 전통 옷은 기모노, 중국의 전통 옷은 치파오입니다.

◉ 다음 설명에 알맞은 말을 쓰세요.

- 대한민국의 전통 옷이다.
- 직선과 곡선이 어우러져 화려하고도 우아하다.

한　복

해설 대한민국의 전통 옷으로, 직선과 곡선이 어우러져 화려하고도 우아한 옷은 한복입니다.

◉ 알맞은 것에 ○표를 하세요.

아오자이는 윗옷이 길고 바지가 헐렁한 베트남의 전통 옷이다.　　○

튜닉은 체크무늬의 치마로 그리스의 전통 옷이다.　　□

해설 체크무늬의 치마는 영국의 전통 옷 킬트를 말합니다. 튜닉은 무릎 정도까지 오는, 장식이 거의 없고 느슨한 그리스의 전통 옷입니다.

시각과 시간은 달라요

매일 아침 1교시 수업은 몇 시에 시작하나요? 9시예요. 이처럼 시간의 어느 한 순간을 시각이라고 해요. 그럼, 점심 시간은 어떻게 되나요? 만약 12시에 시작해서 12시 50분까지가 점심 시간이라고 할 경우 시작하는 시각부터 끝나는 시각까지의 사이를 말하는 50분이 되지요. 시간은 이렇게 어떤 시각부터 어떤 시각까지의 사이를 말해요. 시각과 시간을 나타낼 때는 '시, 분, 초'라는 단위를 함께 쓰지요.

시각은 시간의 어느 한 순간을 말해.

Tip
일상생활에서 흔히 사용하는 말 중 '약속 시간'에서 '시간'은 '시각'의 뜻을 갖고 있습니다.

시간은 어떤 시각부터 어떤 시각까지의 사이를 말하지.

이해 내가 가장 즐거운 □□은 친구들과 놀이를 할 때예요.
시간

시간과 분

짧은 바늘(시침)이 큰 눈금 한 칸을 지나면 1시간, 긴 바늘(분침)이 작은 눈금 한 칸을 지나면 1분이에요. 긴 바늘이 한 바퀴를 돌면 60분이 되는데, 이때 짧은 바늘이 큰 눈금 한 칸을 지나가서 1시간이 되는 거예요.

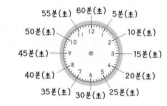

분과 초

초바늘(초침)은 작은 눈금 한 칸이 1초인데, 한 바퀴를 돌면 60초가 돼요. 이때 시계의 긴 바늘이 작은 눈금 한 칸을 지나가서 1분이 되는 거예요

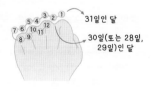

하루

하루는 24시간이에요. 밤 12시부터 낮 12시까지를 오전, 낮 12시부터 밤 12시까지를 오후라고 해요. 그래서 시계의 짧은 바늘은 하루에 두 바퀴를 도는 거예요.

달력이 없어도 9월이 며칠인지 안다고?

주먹을 쥐었을 때 둘째 손가락부터 시작하여 위로 솟은 것은 큰 달(31일), 안으로 들어간 것은 작은 달(30일 또는 28일, 29일)이 돼요.

31일인 달
30일(또는 28일, 29일)인 달

◎ 알맞게 선으로 이으세요.

| 시각 | | 시간의 어느 한 순간. |
| 시간 | | 어떤 시각부터 어떤 시각까지의 사이. |

해설 시각은 시간의 어느 한 순간을, 시간은 어떤 시각부터 어떤 시각까지의 사이를 말합니다.

◎ 알맞은 말에 각각 ○표를 하세요.

짧은 바늘이 큰 눈금 한 칸을 지나면 (1시간), 1분), 긴 바늘이 작은 눈금 한 칸을 지나면 (1시간, 1분)이다.

해설 짧은 바늘이 큰 눈금 한 칸을 지나면 1시간, 긴 바늘이 작은 눈금 한 칸을 지나면 1분입니다.

◎ 알맞은 것에 ○표를 하세요.

| 1시간은 60분이다. | ○ |
| 하루는 12시간이다. | |

해설 하루는 24시간입니다.

3회 ②

소리가 비슷한 낱말

한 친구가 토끼가 뛰어가는 모습을 보고 "토끼가 갔다."라고 말했어요. 그런데 다른 친구는 "뭐? 토끼가 똑같다고?"라고 말하는 거예요. '갔다'라는 낱말을 '같다'라고 들었나 봐요.

이처럼 소리가 비슷한 낱말은 헷갈리기 쉬워요. 낱말의 뜻을 정확하게 알고 소리가 비슷한 낱말을 쓴다면 문장의 뜻을 정확하게 나타낼 수 있어요.

갔다

한 곳에서 다른 곳으로 움직여 자리를 바꾸었다.

같다

서로 다르지 않다.

Tip 소리가 비슷한 낱말이란 쓸 때는 다르지만 읽을 때 같은 소리가 나는 낱말입니다.

반드시

틀림없이 꼭.

반듯이

물체나 행동이 비뚤어지거나 기울어지지 않고 바르다.

약속을 지키자!

이해 '갔다'와 '같다'는 글자는 다르지만 □□가 비슷한 낱말이에요.

소리

소리가 비슷한 낱말의 예

맞다 [맏따]	답이 틀리지 않다는 뜻이에요. 예 이것은 연필이 맞다.
맡다 [맏따]	어떤 일을 담당한다는 뜻이에요. 예 우리 반 회장을 맡다.

깊다 [깁따]	겉에서 속까지의 거리가 멀다는 뜻이에요. 예 바다 속이 깊다.
깁다 [깁따]	떨어진 곳에 다른 조각을 댄다는 뜻이에요. 예 구멍 난 양말을 깁다.

붙이다 [부치다]	맞닿아 떨어지지 않게 한다는 뜻이에요. 예 색종이를 종이에 붙이다.
부치다 [부치다]	편지나 물건을 보낸다는 뜻이에요. 예 할머니께 편지를 부치다.

소리가 비슷한 낱말을 쓸 때 주의할 점

소리가 비슷한 낱말을 쓸 때는 낱말의 뜻을 정확하게 알아야 해요. 이때 문장에 알맞은 낱말을 쓰려면 낱말을 쓸 곳의 앞뒤 내용을 잘 살펴보아요. 그리고 전하려는 뜻을 정확하게 나타낼 수 있는 낱말을 쓰면 돼요.

낱말의 뜻을 정확하게 알고 있어야 해

◎ 알맞은 말에 ○표를 하세요.

소리가 비슷한 낱말의 뜻을 알고 있으면 문장의 뜻을 (정확하게 , 짧게) 이해하거나 표현할 수 있다.

해설 소리가 비슷한 낱말의 뜻을 알고 있으면 문장의 뜻을 정확하게 이해하거나 표현할 수 있습니다.

◎ 알맞게 선으로 이으세요.

맞다	⎯	답이 틀리지 않다.
맡다	⎯	어떤 일을 담당하다.

해설 '맞다'는 '답이 틀리지 않다.'라는 뜻이고, '맡다'는 '어떤 일을 담당하다.'라는 뜻입니다.

◎ 소리가 비슷한 낱말을 쓸 때 주의할 점에 ○표를 하세요.

낱말의 뜻을 정확하게 알고 있어야 한다.	○
문장의 길이에 알맞은 낱말을 써야 한다.	

해설 소리가 비슷한 낱말을 쓸 때는 낱말의 뜻을 정확하게 알아야 합니다. 문장에 알맞은 낱말을 쓰려면 낱말을 쓸 곳의 앞뒤 내용을 잘 살펴보면 됩니다.

다문화 친구들이 많아졌어요

우리 반에는 다른 학교에서 전학 온 친구가 있어요. 친구의 엄마는 독일 사람이고, 아빠는 한국 사람이에요. 그런데 게임을 좋아하고 친구들과 잘 어울리는 모습은 우리와 닮았어요. 선생님께서 피부색만 다를 뿐이고 모두 같은 한국인이라고 말씀하셨던 까닭을 알 것 같아요. 다른 반에는 부모님이 중국인인 친구도 있어요. 우리 주변에 다문화 친구들이 많아졌어요.

다문화
한 사회 안에 여러 민족이나 여러 국가의 문화가 섞여 있는 것을 이르는 말이에요.

Tip '한국인'이란 한국에서 태어났거나 한민족인 사람을 말합니다.

이해 이제는 한 나라에도 여러 문화가 섞여 있는 □□□ 시대가 되었어요.
다문화

우리나라가 다문화 사회가 된 까닭

- 외국에서 우리나라로 일자리를 구하러 온 사람이 많아졌기 때문이에요.
- 결혼하기 위해 우리나라로 온 외국인이 많아졌기 때문이에요.
- 공부나 사업 때문에 우리나라 사람과 외국인이 서로 오가는 일이 많아졌기 때문이에요.

다문화 사회에서 가져야 할 태도

- 다른 나라 문화만 따르거나 자기 나라 문화만 고집하는 것은 옳지 않아요.
- 서로 이해하고 존중하는 것이 중요해요.

나라마다 다른 음식 문화

우리나라에서는 음식을 먹을 때 숟가락과 젓가락을 모두 사용해요. 가까운 나라인 중국이나 일본에서는 젓가락을 많이 사용한대요. 또 포크와 나이프를 사용하는 나라도 있고, 손으로 음식을 먹는 나라도 있어요. 이렇게 음식을 먹는 방법도 나라마다 다르지요.

◎ 다음 설명에 알맞은 말을 쓰세요.

한 사회 안에 여러 민족이나 여러 국가의 문화가 섞여 있는 것을 이르는 말이다.

| 다 | 문 | 화 |

해설 한 사회 안에 여러 민족이나 여러 국가의 문화가 섞여 있는 것을 이르는 말은 다문화입니다.

◎ 우리나라가 다문화 사회가 된 까닭에 ○표를 하세요.

| 외국에서 우리나라로 일자리를 구하러 온 사람이 많아졌기 때문이다. | ○ |

| 우리나라 사람들이 결혼하기 위해 외국으로 나가는 경우가 많아졌기 때문이다. | |

해설 우리나라가 다문화 사회가 된 까닭은 외국에서 우리나라로 일자리를 구하러 온 사람이 많아졌기 때문입니다. 그리고 결혼하기 위해 우리나라로 온 외국인이 많아졌기 때문입니다.

◎ 알맞은 말에 ○표 하세요.

서로 이해하고 ((존중하는), 무조건 따르는) 것이 다문화 사회에서 가져야 할 태도이다.

해설 서로 이해하고 존중하는 것이 다문화 사회에서 가져야 할 태도입니다.

점자를 만든 사람들

눈이 잘 보이지 않는 시각 장애인들은 어떻게 글을 읽을까요? 바로 점자로 읽어요. 점자란 두꺼운 종이 위에 6개의 점을 일정한 방식으로 도드라지게 찍어서 나타낸 문자예요. 그래서 손가락 끝으로 점자를 만져서 글을 읽을 수 있는 것이지요. 이러한 점자는 프랑스의 교육자 루이 브라유가 만들었어요. 그리고 이를 바탕으로 우리나라의 교육자 박두성이 한글 점자를 만들었답니다.

루이 브라유
현대 점자를 만들었어요.

박두성
한글 점자를 만들었어요.

점자
두꺼운 종이 위에 6개의 점을 일정한 방식으로 도드라지게 찍어서 나타낸 문자예요.

Tip 점자는 가로로 두 점, 세로로 세 점으로 되어 있습니다.

이해 엘리베이터, 안내문 등에도 시각 장애인을 위한 □□가 있어요.
점자

점자를 만든 사람들

루이 브라유
프랑스의 교육자예요. 전쟁에서 사용되던 비밀 문자를 바탕으로 현대 점자를 만들었어요.

박두성
우리나라의 교육자예요. 루이 브라유가 만든 점자를 바탕으로 한글 점자인 훈맹정음을 만들었어요.

▲ 점자로 만들어진 책

▲ 길 안내용 점자 블록

훈맹정음
시각 장애인이 한글을 배울 수 있도록 만든 점자로 훈민정음을 가리키는 말이에요.

또 다른 언어, 수화
수화는 청각 장애인을 위한 언어예요. 손짓과 표정으로 대화를 하는데 표정에 따라 뜻이 달라지기도 해요.

○ 1 2 3 4
5 6 7 8 9

◉ 다음 설명에 알맞은 말을 쓰세요.

- 두꺼운 종이 위에 6개의 점을 일정한 방식으로 도드라지게 찍어서 나타낸 것이다.
- 손가락 끝으로 만져서 글을 읽을 수 있다.

점 자

해설 점자란 두꺼운 종이 위에 6개의 점을 일정한 방식으로 도드라지게 찍어서 나타낸 것으로, 손가락 끝으로 만져서 글을 읽을 수 있습니다.

◉ 알맞게 선으로 이으세요.

박두성 ─── 현대 점자를 만든 사람이다.

루이 브라유 ─── 한글 점자를 만든 사람이다.

해설 현대 점자를 만든 사람은 루이 브라유이고, 한글 점자를 만든 사람은 박두성입니다.

◉ 알맞은 것에 ○표를 하세요.

청각 장애인의 언어는 점자이다. □

훈맹정음은 점자로 만든 훈민정음을 가리키는 말이다. ○

해설 청각 장애인의 언어는 수화입니다.

5회 ①

세찬 바람과 큰비를 몰고 오는 태풍

자연재해란 자연에서 일어나는 일로 생기는 피할 수 없는 여러 가지 피해를 말해요. 자연재해에는 여러 가지가 있는데 그중 세찬 바람과 많은 양의 비를 몰고 오는 태풍은 보통 7월부터 9월 사이에 갑자기 몰려 와서 큰 피해를 남기기도 한답니다.

태풍이 불어올 때 어떤 피해가 생길 수 있는지 살펴보고, 어떻게 행동하면 좋은지 알아두면 피해를 줄일 수 있어요.

바람이 매우 세차게 불고, 굵은 비가 많이 내려요.

세찬 바람으로 나무가 꺾이거나 건물이 무너지기도 해요.

강물이나 시냇물이 불어 넘쳐 근처에 있는 집들이 물에 잠기기도 해요.

전화 연결이 잘 안 되고, 전기가 나가기도 해요.

Tip 태풍이 오기 전, 태풍이 지날 때, 태풍이 지나간 뒤에 해야 할 행동이 조금씩 다릅니다.

이해 큰비와 함께 세찬 바람이 불어오는 □□은 피해를 줄이는 방법을 알아두면 좋아요.
태풍

태풍이란

바람이 매우 세차게 불면서 많은 양의 비가 함께 내려 큰 피해가 생기는, 자연에서 일어나는 일이에요.

태풍이 불어올 때 해야 할 행동

- 문과 창문은 꼭 닫고, 창문이 흔들리지 않게 창틀에 테이프 등으로 붙이는 것이 좋아요.
- 텔레비전이나 라디오, 스마트폰 등에서 뉴스를 잘 확인해요.
- 큰 간판이 흔들거리는 아래로 지나가지 않도록 해요.

태풍에 대해 더 알아보기

태풍은 지역에 따라 다르게 불러요. 우리나라가 있는 지역에서는 태풍, 미국이 있는 지역에서는 허리케인, 인도가 있는 지역에서는 사이클론이라고 불러요.

그리고 태풍의 이름은 2000년부터 여러 나라에서 10개씩 만든 이름 140개를 순서대로 사용하고 있어요. 우리나라에서 만든 태풍 이름에는 '개미, 나리, 장미, 미리내, 노루' 등이 있어요.

◎ 다음 설명에 알맞은 말을 쓰세요.

바람이 매우 세차게 불면서 많은 양의 비가 함께 내려 큰 피해가 생기는, 자연에서 일어나는 일이다.

| 태 | 풍 |

해설 ▶ 바람이 매우 세차게 불면서 많은 양의 비가 함께 내려 큰 피해가 생기는 자연에서 일어나는 일은 태풍입니다.

◎ 태풍의 피해에 ○표를 하세요.

눈이 많이 내려 길이 미끄러워진다. ☐

세찬 바람으로 나무가 꺾이거나 건물이 무너지기도 한다. ○

해설 ▶ 눈이 많이 내려 길이 미끄러워지는 것은 대설의 피해입니다.

◎ 알맞은 말에 ○표를 하세요.

태풍이 불어올 때 (대문 , 창문)이 흔들리지 않게 창틀에 테이프 등으로 붙이는 것이 좋다.

해설 ▶ 태풍이 불어올 때 창문이 흔들리지 않게 창틀에 테이프 등으로 붙이는 것이 좋습니다.

5회 ②

아주 많이 오는 눈, 대설

일기 예보에서 이번 겨울은 작년보다 더 춥고 눈이 많이 내릴 거라고 하네요. 자연에서 일어나는 일로 생기는 여러 가지 피해 중 겨울에 내리는 눈 때문에 생기는 것이 바로 대설이에요. 대설은 짧은 시간에 많은 양의 눈이 내려 쌓이게 되는 것이에요. 이런 대설 때문에 어떤 피해가 생길 수 있는지 살펴보고, 어떻게 행동하면 좋은지 알아두면 피해를 줄일 수 있어요.

쌓인 눈이 얼면 길이 미끄러워요.

길에 눈이 많이 쌓이면 다니기가 불편해요.

Tip
대설 뒤에는 쌓였던 눈들이 얼어서 빙판이 될 수 있습니다. 이때는 미끄럼 사고가 나지 않게 조심해야 합니다.

이해 많은 눈이 내려 쌓이는 □□ 피해를 줄일 수 있는 방법을 알아두면 좋아요.
대설

대설이란

큰 피해를 줄 정도로 짧은 시간에 많은 눈이 내려 쌓이는 것이에요.

대설의 피해

- 쌓인 눈이 얼어서 길이 미끄러워져요.
- 집이나 가게 앞, 길에 눈이 많이 쌓여서 다니기가 어려워요.
- 지하철이나 버스 등이 다니는 데 문제가 생겨요.

대설 예보가 있을 때 해야 할 행동

- 되도록 외출을 하지 않는 것이 좋아요. 꼭 외출해야 할 경우에는 두툼한 옷을 입고 모자를 쓰고 장갑을 껴야 해요. 그리고 길을 걸을 때는 주머니에 손을 넣지 말고 걸어야 해요.
- 텔레비전이나 라디오, 스마트폰 등에서 뉴스를 잘 확인해요.
- 집 근처 길가에 눈이 많이 쌓이지 않도록 치워야 해요.

대설 친구, 한파

한파란 겨울철에 기온이 갑자기 내려가는 것을 말해요. 일기 예보에서 한파 주의보를 말한 날에는 외출할 때 추위 때문에 살갗이 어는 동상에 걸리지 않도록 더욱 따뜻하게 입어야 해요.

◉ 알맞은 말에 ○표를 하세요.

> 큰 피해를 줄 정도로 짧은 시간에 많은 눈이 내려 쌓이는 것을 ((대설), 소설)이라고 한다.

해설 큰 피해를 줄 정도로 짧은 시간에 많은 눈이 내려 쌓이는 것을 대설이라고 합니다.

◉ 대설의 피해에 ○표를 하세요.

| 강물이 불어 넘쳐 집들이 잠긴다. | |
| 지하철이나 버스 등이 다니는 데 문제가 생긴다. | ○ |

해설 짧은 시간에 많은 양의 눈이 내려 쌓이게 되면 지하철이나 버스 등이 다니는 데 문제가 생깁니다.

◉ 알맞은 말에 ○표를 하세요.

> 대설 예보가 있을 때는 되도록 외출을 하지 않는 것이 좋다. 꼭 외출해야 할 경우 (얇은 , (두툼한)) 옷을 입고 모자를 쓰고 장갑을 껴야 한다.

해설 대설 예보가 있을 때는 되도록 외출을 하지 않는 것이 좋습니다. 꼭 외출해야 할 경우에는 두툼한 옷을 입고 모자를 쓰고 장갑을 껴야 합니다.

1 바다에 사는 동물에 대한 설명으로 알맞지 <u>않은</u> 것은 무엇인가요? (③) » ⟶ 과학

① 고래는 몸집이 크다.
② 산호는 색이 화려하다.
③ 문어는 열 개의 다리로 먹잇감을 잡는다.
④ 오징어는 문어보다 다리 두 개가 더 많다.
⑤ 바닷속에는 여러 동물들이 함께 살고 있다.
해설 문어의 다리는 여덟 개입니다.

2 알맞게 선으로 이으세요. » ⟶ 과학

| 해마 | 주변에 따라 몸 색깔을 바꿀 수 있다. |
| 상어 | 뾰족한 이가 많은데 빠지면 새 이가 또 앞으로 나온다. |

해설 주변에 따라 몸 색깔을 바꾸는 동물은 해마, 뾰족한 이가 많은데 빠지면 새 이가 또 앞으로 나오는 동물은 상어입니다.

3 갯벌에 대한 설명으로 알맞은 것에 ○표를 하세요. » ⟶ 과학

(1) 물이 빠진 갯벌에는 숨구멍이 안 보인다. ( )
(2) 영양분이 적어서 동물들의 먹잇감도 적다. ( )
(3) 갯벌은 바닷물에 잠겼다가 드러나는 땅이다. (○)
해설 갯벌은 바닷물에 잠겼다가 드러나는 땅으로, 영양분이 많아서 동물들의 먹잇감도 많습니다. 물이 빠진 갯벌에는 숨구멍이 많이 보입니다.

4 갯벌에 사는 동물에 대해 알맞게 말하지 <u>않은</u> 친구의 이름을 쓰세요. » ⟶ 과학

준영: 갯지렁이는 갯벌에 사는 지렁이야.
수희: '바다의 청소부'라고 불리는 동물은 불가사리야.
민재: 말뚝망둑어는 물속에서는 헤엄치지만 갯벌에서는 지느러미를 이용해서 걷거나 뛰기도 해.

(수희)
해설 '바다의 청소부'라고 불리는 동물은 갯강구입니다. 불가사리는 갯벌 동물들을 닥치는 대로 잡아먹습니다.

---

5 다음은 어느 곳에서 지켜야 할 질서인지 보기 에서 기호를 골라 쓰세요. » ⟶ 사회

• 친구들과 떠들거나 뛰어다니지 않아야 한다.
• 전시된 것들은 손으로 만지지 않아야 하며 조용히 눈으로만 보아야 한다.

보기
㉮ 도서관   ㉯ 전시회장   ㉰ 체험 학습장   ㉱ 학습 발표회장

(㉯)
해설 친구들과 떠들거나 뛰어다니지 않아야 하고, 전시된 것들은 손으로 만지지 않아야 하며 조용히 눈으로만 보아야 하는 곳은 전시회장입니다.

6 다음 빈칸에 들어갈 두 글자의 말을 쓰세요. » ⟶ 사회

학습 발표회장에서는 바른 자세로 앉아서 조용히 발표회를 보아야 한다. 그리고 앞자리의 □□를 발로 차면 안 된다.

(의자)
해설 학습 발표회장에서 발로 차지 않아야 하는 것은 앞자리의 의자입니다.

7 세계 여러 나라의 전통 옷에 대한 설명으로 알맞은 것에 모두 ○표를 하세요. » ⟶ 사회

(1) 중국의 전통 옷은 치파오이다. (○)
(2) 베트남의 전통 옷은 기모노이다. ( )
(3) 대한민국의 전통 옷은 한복이다. (○)
해설 베트남의 전통 옷은 아오자이입니다. 기모노는 일본의 전통 옷입니다.

8 다음은 어느 나라의 전통 옷인지 쓰세요. » ⟶ 사회

(영국)
해설 영국의 전통 옷인 킬트입니다. 전통적으로 남자가 입는 체크무늬의 치마입니다.

9 시각과 시간에 대한 설명이 알맞지 <u>않은</u> 것은 무엇인가요? (①) » ········· 수학

① 하루는 24시각이다.
② 시간의 어느 한 순간을 시각이라고 한다.
③ 시계에서 초바늘이 한 바퀴를 돌면 60초가 된다.
④ 시간은 어떤 시각부터 어떤 시각까지의 사이를 말한다.
⑤ 시계에서 짧은 바늘이 큰 눈금 한 칸을 지나면 1시간이다.
해설 하루는 24시간입니다.

10 다음 그림을 보고, 3월은 며칠인지 쓰세요. » ········· 수학

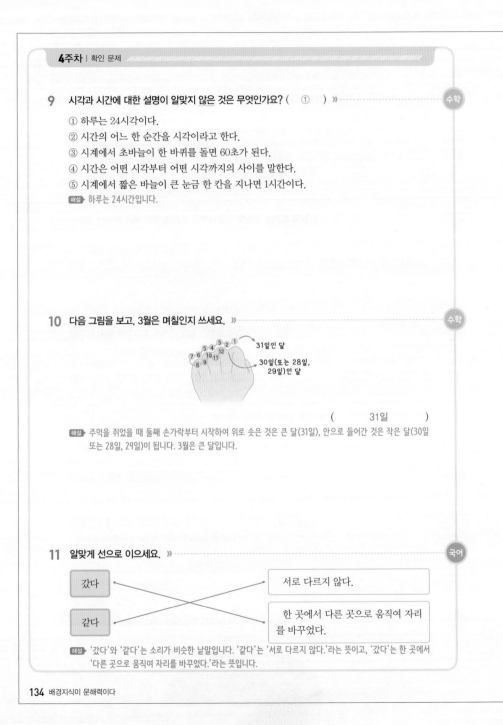

31일인 달
30일(또는 28일, 29일)인 달

(31일)

해설 주먹을 쥐었을 때 둘째 손가락부터 시작하여 위로 솟은 것은 큰 달(31일), 안으로 들어간 것은 작은 달(30일 또는 28일, 29일)이 됩니다. 3월은 큰 달입니다.

11 알맞게 선으로 이으세요. » ········· 국어

| 갔다 | | 서로 다르지 않다. |
| 같다 | | 한 곳에서 다른 곳으로 움직여 자리를 바꾸었다. |

해설 '갔다'와 '같다'는 소리가 비슷한 낱말입니다. '같다'는 '서로 다르지 않다.'라는 뜻이고, '갔다'는 '한 곳에서 '다른 곳으로 움직여 자리를 바꾸었다.'라는 뜻입니다.

12 다음은 다문화 사회에서 가져야 할 태도입니다. 빈칸에 들어갈 두 글자의 말을 쓰세요. » ········· 사회

다른 나라 문화만 따르거나 자기 나라 문화만 고집하는 것은 옳지 않다. 서로 이해하고 [　　　　]하는 것이 중요하다.

(존중)

해설 다문화 사회에서는 다른 나라의 문화를 이해하고 존중하는 것이 중요합니다.

13 다음 설명에 알맞은 말을 쓰세요. » ········· 사회

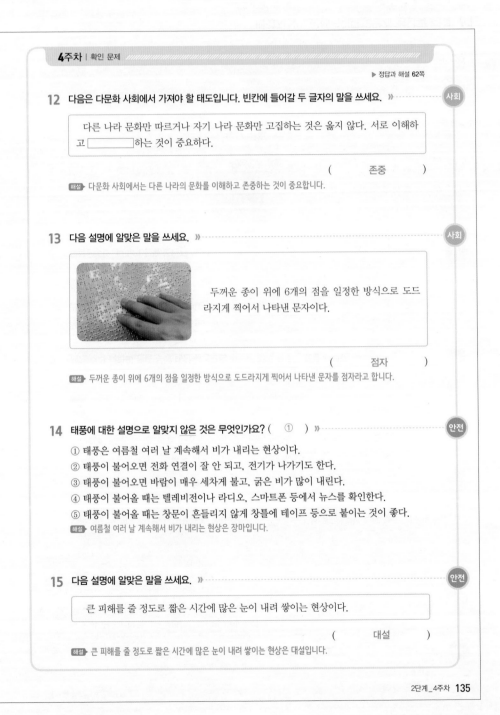

두꺼운 종이 위에 6개의 점을 일정한 방식으로 도드라지게 찍어서 나타낸 문자이다.

(점자)

해설 두꺼운 종이 위에 6개의 점을 일정한 방식으로 도드라지게 찍어서 나타낸 문자를 점자라고 합니다.

14 태풍에 대한 설명으로 알맞지 <u>않은</u> 것은 무엇인가요? (①) » ········· 안전

① 태풍은 여름철 여러 날 계속해서 비가 내리는 현상이다.
② 태풍이 불어오면 전화 연결이 잘 안 되고, 전기가 나가기도 한다.
③ 태풍이 불어오면 바람이 매우 세차게 불고, 굵은 비가 많이 내린다.
④ 태풍이 불어올 때는 텔레비전이나 라디오, 스마트폰 등에서 뉴스를 확인한다.
⑤ 태풍이 불어올 때는 창문이 흔들리지 않게 창틀에 테이프 등으로 붙이는 것이 좋다.
해설 여름철 여러 날 계속해서 비가 내리는 현상은 장마입니다.

15 다음 설명에 알맞은 말을 쓰세요. » ········· 안전

큰 피해를 줄 정도로 짧은 시간에 많은 눈이 내려 쌓이는 현상이다.

(대설)

해설 큰 피해를 줄 정도로 짧은 시간에 많은 눈이 내려 쌓이는 현상은 대설입니다.

4주차
정리 학습

과학 바다에 사는 동물

고 래

바 다 거 북

문 어

과학 갯벌에 사는 동물

칠 게

갯 지 렁 이

조 개

사회 공공장소에서 질서를 지켜요

공 공 장 소

질 서

사회 세계 여러 나라의 전통 옷

치 파 오

기 모 노

한 복

아 오 자 이

수학 시각과 시간은 달라요

점심 | 시 | 간 | 은 12시부터 12시 50분까지예요.

수업이 시작하는 9시는 | 시 | 각 | 이에요.

국어 소리가 비슷한 낱말

| 반 | 드 | 시 |

약속을 지키자!

틀림없이 꼭.

| 반 | 듯 | 이 |

물체나 행동이 비뚤어지거나 기울어지지 않고 바르다.

안전 세찬 바람과 큰비를 몰고 오는 태풍

| 비 | 가 많이 내려요.

| 바 | 람 | 이 세차게 불어요.

안전 아주 많이 오는 눈, 대설

다니기 | 불 | 편 | 해 | 요 |

길이 | 미 | 끄 | 러 | 워 | 요 |.

정답과 해설

배경지식이
문해력
이다

교과서 기본과
응용 문제,
한 번에 잡자!

초 1~6학년, 학기별 발행

만점왕 수학 플러스

| 1 | 만점왕 수학이 쉬운
중위권 학생을 위한
문제 중심 수학 학습서 | 2 | 교과서 개념과
응용 문제로 키우는
문제 해결력 | 3 | 인터넷·모바일·TV로
제공하는 무료 강의 |